郑州研究院丛书

主 编：蔡昉　副主编：郑秉文 杨东方 倪鹏飞 严波

The Spread of Zhengzhou Culture
and City Soft Power

郑州文化传播与城市软实力

——"一带一路"倡议下
郑州建设国家中心城市研究

赵培杰　王春涛　等著

中国社会科学出版社

图书在版编目（CIP）数据

郑州文化传播与城市软实力："一带一路"倡议下郑州建设国家中心城市研究／赵培杰等著．—北京：中国社会科学出版社，2018.10

（郑州研究院丛书）

ISBN 978-7-5203-3368-9

Ⅰ.①郑… Ⅱ.①赵… Ⅲ.①文化传播—研究—河南 ②城市文化—文化研究—河南 Ⅳ.①G127.61

中国版本图书馆 CIP 数据核字（2018）第 237564 号

出 版 人	赵剑英
责任编辑	喻 苗
特约编辑	黄 晗
责任校对	赵雪姣
责任印制	王 超

出　　版	中国社会科学出版社
社　　址	北京鼓楼西大街甲 158 号
邮　　编	100720
网　　址	http://www.csspw.cn
发 行 部	010-84083685
门 市 部	010-84029450
经　　销	新华书店及其他书店

印刷装订	北京君升印刷有限公司
版　　次	2018 年 10 月第 1 版
印　　次	2018 年 10 月第 1 次印刷

开　　本	710×1000　1/16
印　　张	13.75
插　　页	2
字　　数	223 千字
定　　价	59.00 元

凡购买中国社会科学出版社图书，如有质量问题请与本社营销中心联系调换
电话：010-84083683
版权所有　侵权必究

中国社会科学院郑州研究院
理 事 会

理 事 长： 蔡　昉
副理事长： 郑秉文　杨东方
理　　事（按拼音排序）：
　　　　卜宪群　陈光金　陈　甦　陈星灿　崔建民
　　　　方　军　高京斋　高培勇　高新才　耿明斋
　　　　宫银峰　谷建全　韩大川　韩国河　何德旭
　　　　胡　滨　黄群慧　黄晓勇　李　平　刘跃进
　　　　陆大道　马　援　倪鹏飞　潘家华　任　伟
　　　　孙君健　王　镭　王利民　魏后凯　吴志强
　　　　严　波　闫铁成　喻新安　张车伟　张树华
　　　　张　翼　张政文　赵　健　周春辉
理事会秘书长： 倪鹏飞
副 秘 书 长： 严　波

郑州研究院丛书序言

新时代呼唤新的郑州改革研究成果

郑州是中华文明核心发祥地，是中国八大古都之一。拥有8000年的裴李岗文化遗址、6000年的大河村文化遗址、5000年的中华人文始祖黄帝故里、3600年的商朝都城遗址。继承先辈筚路蓝缕的开创精神，随着中原经济区、郑州航空港经济综合实验区、中国（河南）自贸试验区、国家自主创新示范区等国家战略规划和平台相继布局，郑州的政策叠加优势更加明显。特别是国家明确提出支持郑州建设国家中心城市，郑州的发展站在了新的历史起点上，开启了向全国乃至全球城市体系中更高层级城市迈进的新历程。

中国社会科学院是党中央直接领导、国务院直属的国家哲学社会科学研究的最高学术机构和综合研究中心，是党中央国务院的思想库和智囊团、哲学社会科学的最高殿堂，马克思主义理论研究坚强阵地。中国社会科学院学科齐全、人才济济，拥有一大批人文社会科学领域的顶尖专家和领军人物。正值郑州市国家中心城市建设谋篇开局的关键时期，中国社会科学院领导和河南省、郑州市领导高屋建瓴、审时度势，提出了共同合作的战略意向。2017年9月15日，中国社会科学院与郑州市人民政府签订《战略合作框架协议》，双方决定共同成立"中国社会科学院郑州市人民政府郑州研究院"（下简称"郑州研究院"），标志着双方的战略合作进入新阶段，必将对郑州经济社会发展提供有力的智力支持和人才支撑。双方围绕郑州国家中心城市建设，进一步拓展合作领域，提升合作层次，不断推动双方合作向更高层次、更宽领域迈进。习近平总书记深刻指出，幸福都是奋斗出来的！衷心祝愿郑州研究院在双方的共同努力下，秉持奋斗理念，勇于开拓创新，积极融入郑州国家中心城市建设乃至中原城市群发展，努力开创新时代国家智库与地方实际工作部门合作的新局面！

伟大的社会变革必然产生出无愧于时代的先进理论。郑州研究院丛书的出版是在郑州市人民政府提供优质的政务服务，郑州市发展和改革委员会为郑州研究院的发展保驾护航的大背景下产生的。无限丰富的改革实践为科学正确的改革理论提供了丰厚的土壤。中原崛起，中华崛起，实现中华民族伟大复兴的中国梦，这些伟大斗争、伟大工程、伟大事业、伟大梦想，激励着我们更加实干兴邦，推动着郑州沿着原始文明、农业文明、工业文明、生态文明的历史进程，不断改造、变革与提升。这次，中国社会科学出版社捷足先行，特地将郑州研究院的最新研究成果汇集成册，按年度陆续出版系列郑州研究院丛书。这套丛书的出版，对于加强郑州改革的理论研究和舆论宣传，对于加快和深化经济文化体制的全面改革，无疑是一个很大的推动和促进。当然，任何理论都要经受历史和实践的检验。这套丛书中的许多理论观点，也需要在实践中不断充实、发展和完善。但是，这毕竟是一个良好的开端。我们希望，郑州研究院丛书中的许多一家之言和一得之见，能够迎来郑州改革理论研究百花齐放、百家争鸣的新局面。

一花引来万花开。又一个姹紫嫣红、百花争艳的春天到了。祝愿郑州改革的历程，展现在人们面前的是一番绚丽多彩的图景：不仅实践繁花似锦、争奇斗艳，而且理论之光璀璨夺目、熠熠生辉。在这改革的年代，不仅实践之林根深叶茂，理论之树也四季常青。祝愿郑州改革灿烂的实践之花，在新时代结出丰硕的理论之果。

是为序。

全国人大常委、全国人大农业与农村委员会副主任委员
中国社会科学院副院长、郑州研究院院长

蔡昉

2018 年春，于北京

目 录

第一章 文化——城市的个性和灵魂 (1)
第一节 文化是一个城市的独特标识 (2)
第二节 城市价值认定的偏执和迷失 (5)
第三节 文化不能复制和移植 (8)
第四节 文化是城市的品位和底气 (9)
第五节 国外值得学习和借鉴的先进经验 (10)
第六节 新型城镇化应当秉持的理念 (14)

第二章 旧邦新命："续断"传统的现代郑州文化 (16)
第一节 "少年老城"：郑州是怎样的历史文化名城？ (18)
第二节 "火车拉来的城市"：郑州在百年历史中的多级跨越 (24)
第三节 文化复兴：承担华夏文明传承创新核心区重任 (31)

第三章 文化释源：从区域文化解释学透视郑州历史 (40)
第一节 区域文化解释学与郑州历史叙事特点 (41)
第二节 郑州历史文化遗产：实然状态 VS 应然状态 (45)
第三节 从历史遗产到文化景观：几个值得关注的问题 (52)
第四节 几点思考 (65)

第四章 返本开新：现代化进程中郑州文化的历史建构 …………(67)
- 第一节 1904—1954年：传统与现代的遭遇 …………………(69)
- 第二节 1954—1978年：迈向区域政治经济文化中心 …………(75)
- 第三节 1978—2000年：改革开放助力郑州经济文化快速升级 …………………………………………………(79)
- 第四节 2000—2018年：21世纪郑州文化发展面临新机遇 ……(85)

第五章 文化郑州：城市文化软实力建设的路径选择 ……………(93)
- 第一节 文化郑州：寻求中原本土特色文化建设之路 …………(93)
- 第二节 内聚人才：提升郑州城市文化软实力的当务之急 ……(105)
- 第三节 外向传播：郑州文化软实力提升的必由之路 …………(114)
- 第四节 创意郑州：文化郑州的目标样本 ………………………(123)

第六章 黄帝文化传播与郑州文化建设 ……………………………(132)
- 第一节 黄帝文化在郑州文化及中国文化中的位置 ……………(133)
- 第二节 传承和弘扬黄帝文化的重要性 …………………………(135)
- 第三节 当前黄帝文化传播面临的问题 …………………………(137)
- 第四节 黄帝文化传播的思考与建议 ……………………………(139)

第七章 中原文化与商都文化演进的历史变奏 ……………………(146)
- 第一节 中原文化的定义、特点及与相关文化的关系 …………(146)
- 第二节 博大精深、积淀深厚、丰富全面的中原文化 …………(154)
- 第三节 商都文化及其在中原文化中的地位 ……………………(163)
- 第四节 构建具有时代风貌、中原特色的中原学 ………………(167)

第八章 新时代郑州和中原文化的再出发 …………………………(174)

后 记 …………………………………………………………………(208)

第 一 章

文化——城市的个性和灵魂

古往今来,一个国家、一个民族的强盛,总是以文化兴盛为支撑的。思想和文化的繁荣、创新,是大国崛起的重要前提。中华民族的伟大复兴同样需要以中华文化的繁荣发展为条件。早在1940年,毛泽东同志就曾经指出:"一定的文化(当作观念形态的文化)是一定社会的政治和经济的反映,又给予伟大影响和作用于一定社会的政治和经济。"① 习近平总书记明确指出:"文明特别是思想文化是一个国家、一个民族的灵魂。无论哪一个国家、哪一个民族,如果不珍惜自己的思想文化,丢掉了思想文化这个灵魂,这个国家、这个民族是立不起来的。"② 在党的十九大报告中,习近平总书记再次强调:"文化是一个国家、一个民族的灵魂。文化兴国运兴,文化强民族强。没有高度的文化自信,没有文化的繁荣兴盛,就没有中华民族伟大复兴。"③

我们不赞成文化绝对论,但是应当承认,政治、经济、社会、生态等几乎所有领域发生的问题,都可以在文化中找到根源或因子。换个角度说,文化生态状况的好坏,对于自然生态、经济生态、政治生态、社会生态等,都产生着直接或间接的影响和作用,有时甚至是极为重要的

---

① 毛泽东:《新民主主义论》(1940年1月),《毛泽东选集》第二卷,人民出版社1991年版,第663—664页。
② 习近平:《在纪念孔子诞辰2565周年国际学术研讨会暨国际儒学联合会第五届会员大会开幕会上的讲话》(2014年9月24日),《人民日报》2014年9月25日。
③ 习近平:《决胜全面建成小康社会 夺取新时代中国特色社会主义伟大胜利——在中国共产党第十九次全国代表大会上的报告》,人民出版社2017年版,第40—41页。

影响和作用。对于一个国家和民族来说是这样，对于一个城市而言也是如此。

第一节 文化是一个城市的独特标识

纵观历史，大凡能够对人类文明进程产生重要影响，赢得世界普遍认可和尊重的国家或民族，往往不是因为其疆土广阔、人口众多，也不是因为其经济和军事实力多么强大，而是因为其绵长的文化传统和深厚的文化积淀，因为其卓尔不群的文化品格与文化魅力。同样，能够在一个国家或民族的发展历程中留下自己的深刻印记，引起他人广泛关注和向往的城市，往往不是因为其发达的经济或繁华的商业，而是因为其独具特色的历史文化。

自中世纪以来，都柏林一直是爱尔兰的首都，被誉为欧洲最年轻、最友善的城市。但是，都柏林之所以成为都柏林，不是因为其冬季温和、夏日凉爽，没有极端温度的海洋性气候，也不是因为其作为高科技企业聚集的欧洲硅谷的声誉，而是因为那里诞生了叶芝、乔伊斯、萧伯纳、王尔德、贝克特、斯托克、斯威夫特、多伊尔等一大批杰出的文学艺术家，因为那里是音乐圣殿和戏剧之都。

法国首都巴黎对世界具有无可企及的吸引力，而巴黎之所以成为巴黎，成为世界浪漫之都，并不是因为它曾经拥有发达的工业，而是因为塞纳河左岸所散发出来的浓重的文化气息足以迷醉世界，因为塞纳河畔悠久历史和辉煌的艺术，因为那里是莫里哀、雨果、巴尔扎克、大仲马等大师艺术创作的不竭源泉。法国西海岸诺曼底的吉维尼之所以吸引全球众多旅游者，并非仅仅因为它绝美的田园风光，而更多是因为印象派大师莫奈选择在此终老一生。

意大利首都罗马素有永恒之城的美称，而罗马之所以成为罗马，正是因为它绵长而厚重的历史文化。那里不仅有古罗马时代的城墙、驿道、神殿、输水道、凯旋门、角斗场等宏伟建筑，以及大片的古罗马广场废墟和随处可见的断壁残垣，更有自文艺复兴以来不同时期、不同风格的房屋和铺以石块路面的狭窄街道。那里的一砖一石都承载着久远的文明，凝聚着丰富的历史信息。置身其间，人们会感受到历史的延续和时代的变迁，慨叹意大利人民对文物古迹的高度尊重和精心呵护。

图1-1　大型壁画《雅典学院》。"文艺复兴艺坛三杰"之一拉斐尔于1510至1511年创作，以回忆历史上"黄金时代"的形式，寄托对美好未来的向往，堪称彰显文艺复兴时期艺术成就的经典之作

同样，北京之所以成为北京，并非仅仅因为这里是中国的政治中心，而主要是因为其绵长而厚重的历史文化，因为其世界历史文化名城的声誉。可以说，这些城市之所以著称于世，主要是因为独具特色的历史文化已经成为它们各自的独特标识和身份符号。那些新兴的、后起的城市可以在经济增长上实现"跨越式"发展，但无法在人文精神的培育和塑造上也实现"跨越式"发展，不可能在几年、几十年的时间里打造出令人仰慕和敬重的文化。在某种意义上讲，城市的发展将是文化的较量，将以文化定输赢；过去是这样，现在是这样，未来也是如此。

图 1-2 位于罗马人民广场的"罗马门",今称"人民门",始建于公元 3 世纪,那时人们经由此门正式进入罗马城

资料来源:课题组成员现场拍摄。

图 1-3 罗马斗兽场(局部)。建于公元 72—80 年间,是古罗马文明的象征

资料来源:课题组成员现场拍摄。

南京大学历史学院教授费云翱先生强调，文化根脉是一座城市的灵魂所在。"一座城市，离开了文化就失去了灵魂。城市的文化根脉来自历史深处，它是城市的基因、灵魂和特质所在。我们只有知道自己从哪里来，才能明白未来往何处去，否则就会迷失方向、忘记初心、失去灵魂。城市作为文化的生命体亦同此理，它沿着历史根脉走到当下，再走向未来。""文化根脉养育了人的精神，给人以丰厚的享受和创造启迪，带来文化的自信自尊、感恩的意识和爱国情怀，也塑造着一座城市文明的高度。""文化根脉不是不食人间烟火的学术名词，它就活在城市空间里，活在居民的日子里，也活在来到这座城市的人们的眼睛和记忆里。人们常说文化是一种软实力，一个重要的原因就是它关系到人的精神层面，有利于人们形成凝聚力、认同感和共同的价值观，进而推动形成一个文化共同体，对一个城市如此，对一个国家和一个民族同样如此。"[1]

第二节　城市价值认定的偏执和迷失

从世界范围来看，随着城市化进程的不断加快，城市数量急剧增加，城市规模不断扩大。据相关统计资料，目前全球有50%以上的人口居住在城市，而且每周约有三百万人口移居到城市。这一数量在未来几十年还会持续增长，预计2050年将达到约64亿。因此可以说，城市日益成为人类活动的中心，成为人类主要的栖居地。但是，一个具有普遍性的问题是，城市同时也面临着自身发展与文化传承的矛盾。许多历史城市的文化遗产遭受冲击，甚至面临着被破坏和毁灭的危险。人文关怀日益丧失，文化冲突不断显现，城市记忆渐渐褪去，富有特色的区域文化和传统历史文化不断被消解弱化的现象日益严重。

从国内看，实行改革开放40年来，中国经济迅速发展，城市化进程不断加快，推进新型城镇化被提升到党和国家工作一个非常重要的战略位置。中国现有102个人口超过百万的城市，2025年预计将翻一番，达

---

[1] 费云翱：《文化根脉是一座城市的灵魂》，《新华日报》2017年6月16日。

到221个。据世界银行估计，到2030年，中国将有10亿人也就是70%的人口，将生活在城镇。这是中国经济社会发展的必然趋势。但是，从近40年的实践经验来看，我们也不能否认，城市化在给人们带来工作、生活便利的同时，也出现了文化个性失落、历史遗迹消失、"千城一面"等诸多问题。

在最大限度提升GDP的渴望之下，一些城市的管理者脱离自身实际，热衷于城市面貌的"革命"，热衷于推倒重来式的旧城改造，但到头来不过是面子上的光鲜亮丽，不仅没有提升城市的品位和内涵，反而使城市发展遭遇文化传承上的断裂和危机，人为造成现代化和城市化进程中的文化悲剧。其实，随着现代化机械设备隆隆的轰鸣声，倒下的不只是历经千百年风雨的旧建筑，更是记载着这个城市发展变迁的特色与文化。一些历史文化古城，成为正在消失或消亡的城市，取而代之的是一座座争奇斗艳、由钢筋混凝土打造出来的所谓现代化城市。毋庸讳言，这与在城市价值的认定和把握上存在偏执乃至迷失是分不开的。

对城市历史文化的破坏，既有出于愚昧和无知的毁灭性破坏，也可能有抱持良好初衷的建设性破坏。现在，无论走到哪个城市，映入眼帘的几乎是清一色的高楼大厦，数以百计的城市更似一母同胞，而传承和凝结着中华文化精华的古建筑群却在毁灭性地消失，或被淹没在钢筋水泥的森林之中。客观地说，"千城一面"的现象不是中国特有的，但我们却更为严重。把几百年、上千年形成的千姿百态的具有个性的城市变成了千城一面，把这样的东西交给后代，只能说明我们这一代的短视、愚昧和无知。

在不可阻挡的旧城改造的大潮中，在追求经济效益最大化的利益驱动下，北京的四合院和胡同、上海的石库门和弄堂等传统建筑越来越少。历史文化本来是祖先给我们留下的宝贵财富，是不可再生的珍稀资源；但是，在资本的强势介入之下，终其一生都在为保护历史文化奔走呼号的中国建筑学大师梁思成夫妇的故居也难逃被拆毁的命运。在社会各界的质疑和谴责声中，虽然梁思成夫妇的故居已被部分"复建"，但这些推倒重来的"旧式新建筑"，即便是按照当初的图纸1:1地恢复起来的，似乎也不可能传承和再现原有建筑曾经的历史文化风貌，甚至可以说毫无历史文化价值。

北京原来有3000多条胡同，从20世纪90年代初开始，大量的胡同被拆除，现在大概只剩下1/3。一位蓝眼睛的北京人，一位近乎痴狂地要为人们留下北京古城记忆的战士曾经说："我希望一百年后每一个炎黄子孙都可以对别人说，我们是一个有'文化'的民族。"① 我们千万要记住，我们今天在塑造的城市，百余年间将会由后人评说。北京是一座著名古都，胡同是世界文化遗产，对胡同的拆毁抹去了一座城市的记忆。她并非耸人听闻地告诫人们，胡同是古都北京的细胞，随着胡同的倒塌，是文化的毁灭，是叫作"北京人"的人种的灭绝。

早些年，美国总统克林顿曾说，若想把北平（北京，他刻意用了"北平"的称呼）改建成纽约、华盛顿模式的摩登城市，我给你十年的时间足够了。但是，你若想让我把纽约、华盛顿改建成具有民族文化特色的、具有历史性代表的文明古城"北平"，你给我一百年我也办不到。更早些，美国总统卡特曾说：我们有能力建无数座曼哈顿、纽约，但永远没有能力建第二个北京。其实，即使我们对此则消息的真假存疑，我们也不能否认其中陈述的确为事实。

"为了文物建筑，为了艺术，为了法国还是法国，为了记忆，为了人类智慧的伟大结晶……"1832年，刚刚创作完成《巴黎圣母院》的雨果，面对路易·菲利浦时代对古建筑的大肆破坏，愤怒地写下了《向拆房者宣战》，并与其他文化人士一起，推动了法国对文物建筑的立法和保护。② 现代设计的先驱、工艺美术运动的创始人、19世纪英国最杰出的设计师和古建筑保护先驱威廉·莫里斯曾经说：历史文化建筑绝不仅仅属于我们这一代人，他们曾经属于我们祖先，也将属于我们的后代，除非我们把它摧毁，或使它变成假货。我们没有权利任意地处置它，我们只是后人的托管者。

---

① 华新民：《重返北京劈柴胡同》，《中国新闻周刊》2000年5月20日。
② 郝王乐、赵婉微：《一个蓝眼睛北京人的胡同保卫战》，2014年6月13日，新华网。

第三节 文化不能复制和移植

独具特色的历史文化，包括展现地方历史文化特色的标志性建筑，总能给人以美的享受，当然也可以改善和提升一个城市的形象，甚至助力一个城市的经济发展。但是，复制或移植其他国家或地区的文化，包括其他国家和地区的标志性建筑，不仅不会为自己增添光彩，却可能使自己成为笑料，招来骂名。

近几十年来，在历史文化遗迹不断从我们眼前消失的同时，中国城市间各种表面比美实则比丑的奇葩建筑比赛方兴未艾，各类山寨型、奇异型的建筑不断呈现在国人和世人面前。以弘扬传统文化为标榜却没有任何历史真实性的"古代建筑"纷纷在现代城市落户。摩天大楼建设热情不断飙升，争当中国第一、亚洲第一、世界第一的地标性建筑比赛愈演愈烈，而中国历史文化传统渐行渐远，城市文脉被切断、城市特色难以寻觅、城市个性不断丧失、城市品位日益低下、城市灵魂不知归为何处。

一个城市如何对待自己的历史文化，实际上是这个城市有没有文化自信的重要标志。面对令人眼花缭乱的山寨和奇异建筑，国内外众多人士曾经发出这样的疑问：为什么在中国自己的城市里，建造的不是自己的历史人物的雕像，而是无论有着怎样的想象力都难以说出个一二的"超现代"作品？为什么在一个本来有着自己特色历史文化的城市，要复制和照搬另一个城市的地标性建筑？为什么在一个拥有五千年灿烂文化的国家，一些城市会花费几百万、几千万甚至几个亿搞出山寨版的"凡尔赛宫""意大利小楼"或"苏格兰小镇"？我们当然希望能够有像国外某些国家和地区那样优美的自然环境，也赞赏一些国家或地区具有浓郁民族文化特色的建筑风格，但是，简单地依靠形式上的复制，或者给再普通不过的建筑和街道起个洋名字、戴顶洋帽子，是提升不了一个城市的档次和品位的，也彰显不出一个城市对外来文化开放包容的胸怀，更不能说一个城市真正把握了其他国家和民族文化的精华。

第四节　文化是城市的品位和底气

文化是一个城市的软实力，是其核心竞争力所在。一个懂得尊重文化的城市，才称得上是真正意义的现代城市；而一个有文化的城市，才称得上有自己的灵魂。有学者指出，如果没有文化的基础性作用，没有文化实力的高歌猛进，没有文化气息的云蒸霞蔚，没有对文化密码的不断破译和解读，一个城市是难以生长和发展的，其经济社会发展是难以持续的。单向度的经济崛起，无疑是畸形的崛起，是缺乏灵魂的崛起。

人们常说，建筑是一个城市的骨骼，经济是一个城市的血脉，而文化则是一个城市的灵魂。我们需要的新型城镇化，是以人为本的城镇化，是既要见物更要见人的城镇化。对任何一个国家和民族来说，只有在与历史文化的对话中，在对历史文化的传承和弘扬中，才能找到自己今天的位置，才能明确自己未来的方向。对于一个城市来说，文化不仅是其品位的标记和灵魂的载体，而且是其内在潜力和发展动力的根基和源泉。城市作为人类最伟大的创造，它所拥有的各具特色的文化，不仅见证着一个城市千百年的发展历程，而且镌刻着人类共同的历史记忆；不仅属于不同的国家和民族，而且是全人类共有的文化财富。文化是一个城市的品位和底气，也是一个城市的感召力和吸引力所在。一个城市如果没有自己的文化，没有自己的个性和品位，无异于文化的荒漠和没有灵魂的躯壳，是没有凝聚力、感召力的，也是没有活力、没有未来的。

也就是说，一个城市不仅要有便捷的交通、发达的经济、繁荣的商业、宜居的自然环境，还必须有自己的个性文化、良好的人文环境、与众不同的文化风格和文化氛围。只有这样，才会拥有令人神往的魅力，也会为其长期繁荣、持续发展提供不竭源泉和动力。正如有学者形象地指出，如果一个城市有着良好的硬件环境却缺乏文化魅力，那就如同一个财富可观却思想贫乏、毫无意趣的阔佬或土豪，是很难让人接受亲近的，更无什么魅力可言。

当今时代，生态保护已成为一个引起世界各国普遍关注的共同话题。但是，对于生态保护，我们应该从更广泛的意义上去理解。所谓生态保护，既应包括自然生态的保护，也要包括文化生态的保护。甚至可以说，对当今时代的中国而言，文化生态保护是比自然生态保护更迫切的任务。文化生态保护是自然生态保护的前提和条件，如果没有健康的文化生态，没有深厚的文化积淀，没有良好的文化氛围，自然生态的保护是难以实现的，也是难以持续的。对于自然生态的退化问题必须高度重视，对于文化生态的退化问题更不能掉以轻心。

第五节　国外值得学习和借鉴的先进经验

如果纵向比较还看不清楚的话，还可以横向比较一下，也就是与别人比较一下，如此我们就会知道自己做得到底怎么样。

我们先说法国。法国拥有丰富的历史文化遗产，列入联合国教科文组织《世界遗产名录》的共有38处，列为国家文化遗产的共有约4.4万处。这些散布在法国各地的名胜古迹、历史建筑是法国人的骄傲，每年吸引全球游客逾8000万人次，居世界首位。从巍然耸立的宫殿到质朴凝重的古堡，从价值连城的名画到古色古香的家具，都是法国视若生命的历史文化遗产。可以说，没有这些历史文化遗产，法兰西文化定会黯然失色；没有这些历史文化遗产，法国不可能成为世界第一旅游大国；没有这些历史文化遗产，法国人的民族认同感和民族自豪感也会大打折扣。[1]

在历史文化遗产保护方面，法国也走在了世界各国的前列。法国是世界上第一个制定现代遗产保护法的国家。值得指出的是，正是法国大革命的教训促使法国人深入思考和高度重视历史文化遗产的保护问题。在大革命期间，宫殿被砸，教堂被毁，法国的诸多历史文化遗产受到不同程度的破坏。本来应该是站在革命对立面的一个名叫格雷茹瓦的教士对他的革命者朋友说，摧毁祖先留下来的、象征着我们文化遗产的行为是十分愚蠢的。

---

[1] 郑园园：《法国：视文化遗产如生命》，2002年8月8日，人民网（http://www.people.com.cn/GB/news/6056/20020808/795278.html）。

虽然因为大革命而使整个法国处在剧烈动荡之中，格雷茹瓦教士的忠告还是被采纳了。1790年，也就是法国大革命爆发的第二年，国民议会设立专门机构，制定了一份作为国家财富的艺术品目录。1793年，"共和二年法令"问世，规定不论哪一类艺术品，在法国的领土上必须受到保护。正是这个法令使法国文化遗产在大革命的年代免遭浩劫。随后，经过近一个世纪的经验积累，一部具有划时代意义的遗产保护法诞生，这就是1913年通过的《保护历史古迹法》。它是世界上第一部保护文化遗产的现代法律，比英国、德国、意大利的早了大约30年。也就是说，在历史文化遗产保护问题上，法国人是在大革命开始不久就觉醒了的。而"文化大革命"结束都已经40多年了，从总体上讲，我们还没有真正觉醒。

从1945年开始，法国进行大规模的战后重建，好多地方把老城区拆掉了，许多富有魅力的景点消失了，这让法国人后悔不已。1964年，在文化部长马尔罗主持下，法国对历史文化遗产进行了一次大规模的清点造册。在清点造册过程中，一是遗产的概念得到很大扩展，要保护的不限于宫殿、教堂，而是扩大到更多的历史遗址和遗物，例如百年老厂、矿井等。二是纳入保护的遗产进一步"年轻化"，20世纪一些知名建筑师、时装设计师的作品也被列为文化遗产，从而使国家和国民对遗产的重视达到了一个新的高度。到1994年，文化预算在法国国家总预算中所占的比例突破1%，预算的15%用于历史文化遗产保护。

从下面两个具体的例子，也可以看出法国对历史文化遗产的重视程度。不少人都知道巴黎城东的巴士底监狱，它是1382年建成的城防工事，在路易十一时期被改造成国家监狱，成为封建统治的象征。1789年7月14日，法国民众攻占巴士底，7月15日，起义者将监狱夷为平地。后来，不少法国人曾经遗憾地表示，虽然攻占巴士底监狱是千古称颂的革命行为，但是如果不拆除巴士底监狱更好，法国就会多一份遗产，多一部鲜活的历史教科书。同为封建王朝监狱的马赛伊夫堡——看过《基度山伯爵》的人都知道——是16世纪20年代修建的，虽然每当发生战争就成为兵家必争之地，但还是被完整保留了下来，成为法国国家级文化遗产。

还有，法国北方鲁贝市曾经是法国纺织业中心，那里在19世纪为当地劳工修建了一个全国最大的公共澡堂。就是这个澡堂子，作为工业时代的象征，现已改建为博物馆，像大教堂一样被保护了起来。①

再说意大利。意大利悠久的文明积累了丰厚的文化遗产，现有45项文化遗产和4项自然遗产被列入世界遗产名录，排名世界第一。意大利的国土面积只有30多万平方公里，但整个国家却约有3500家公立和私人博物馆、10万座教堂、5万座历史建筑和花园城堡、2000处考古遗址。意大利在保护遗产工作上不遗余力，具有完备的遗产保护理论和丰富的实践经验。

意大利文物古迹主要由国家负责保护和管理，文化遗产保护所需大量资金，也主要由政府承担。中央政府每年的拨款约占整个国家财政预算的1%—2%。在此基础上，各大区及省、市政府也有地方拨款，而有些企业和个人也设立了文物保护基金。此外，公营和私营部门也可通过联合国教科文组织和欧盟框架依法获得援助。因此，意大利每年都有大批资金进入文化遗产保护领域。由于文物保护受到国家和社会高度重视，常有国内外企业慷慨解囊、积极赞助，弥补了政府经费不足。许多著名公司争相赞助大型文物古迹的修复工作，比如，罗马古斗兽场、水城威尼斯的标志性建筑古迹等。米兰圣玛丽亚教堂里的达·芬奇名画《最后的晚餐》，最后一次大规模修复就是由意大利奥利维蒂计算机公司赞助的。

据联合国教科文组织统计，意大利保存着世界上70%的文物古迹，意大利人因此有一种特殊的优越感。一位意大利导演自豪地说，在意大利拍历史剧，根本用不着在摄影棚里搭景，将马路边的广告牌一撤，就是自然完好的历史画面。在狭长的亚平宁半岛上，不仅首都罗马这样的历史名城保护得完好无损，一些小城镇也同样古色古香，让人身在其中自然会感受到历史的风韵。当然，如上所言，意大利人也有很强的责任感，因为他们认为这些文物不仅属于意大利，而且属于全人类，保护好这些文物，就是对人类的最大贡献。

---

① 参见郑园园《和法国文化的美丽约会》，大象出版社2014年版。

第一章 文化——城市的个性和灵魂 / 13

图1-4 古罗马废墟（片段）。昔日古罗马帝国中心所在
资料来源：课题组成员现场拍摄。

图1-5 古罗马废墟（片段）。昔日古罗马帝国中心所在
资料来源：课题组成员现场拍摄。

再说英国。在英国，崇尚历史文化遗产的观念渗透到每个地方的每个角落。古老的教堂不管是否仍在使用，还是已经是坍塌的断壁残垣，都要尽心保护起来。牛津和剑桥的古迹更比比皆是。据说当年英国和德国的空军达成一些默契，相互不轰炸对方一些无法复原的文化堡垒，牛津和剑桥就在其中。故事真假暂且不说，但两地的许许多多有几百年历史的学院、教堂的的确确是获得了非常好的保护和保存。几年前，我们曾去剑桥大学拜访一位教授，这位教授的办公室在一个拥有数百年历史的小教堂里。他说，无论谁使用这间办公室，都会保持它的原貌，对其中的哪怕一小块砖头都会珍视和爱护，绝对不会随意挪动或丢弃。

重视思想文化的影响力，是一个国家和民族走上成熟的重要标志。英国前首相丘吉尔有一句名言："大英帝国宁愿失去一个印度，也不愿失去一个莎士比亚。"没有比这话更能反映英国人对自己历史文化的重视，更能体现文化在当今世界的要义。丘吉尔这句话的意思是，英国失去印度仍然是英国，但如果失去莎士比亚，就等于失去了英国的历史、尊严与灵魂，失去了英国的文化符号。而这可是靠多少部好莱坞大片或"007"电影也换不来的。[①]

第六节　新型城镇化应当秉持的理念

现代城市发展的历程一再告诉人们，物质生活条件再好，也不一定能够提升城市居民的幸福指数和精神愉悦感；高楼大厦再高，也不过是资本和技术的结果，传承不了民族传统文化的精髓；欧陆式洋房再靓，也不可能彰显中华文化的特质与风范；广场再大、马路再宽，也不可能唤起胡同、里弄、曲径曾经给人们留下的历史记忆。我们是一个拥有数千年辉煌历史的民族，是一个有文化的民族。我们必须记住，我们今天在塑造的城市，要能够经得起历史检验和后人评判。

传承历史文脉，突出个性特色，是当今时代新型城镇化或城市化应当秉持的基本理念。早在数千年前，我们的祖先就提出了诗意与恬淡地

---

① 张若渔：《文化才是一座城市的灵魂》，《东莞时报》2012 年 11 月 24 日。

栖居的生活理想。如何找回城市的个性和灵魂，如何建设有个性和灵魂的城市，如何留住和传承城市的根脉，是摆在各级政府特别是城市管理者、城市居民和广大专家学者面前的一个严峻课题，是需要社会各界共同撰写的一篇大文章。

2014年2月25日，习近平总书记在北京考察工作时强调："历史文化是城市的灵魂，要像爱惜自己的生命一样保护好城市历史文化遗产。"[①] 对传统历史文化要多一份尊重，多一份思考；在城市建设中，要保护弘扬中华优秀传统文化，延续城市历史文脉，保护好前人留下的文化遗产；要结合自己的历史传承、区域文化、时代要求，打造自己的城市精神，对外树立形象，对内凝聚人心。《国家新型城镇化规划》也明确提出，要发掘城市文化资源，强化文化传承创新，把城市建设成为历史底蕴厚重、时代特色鲜明的人文魅力空间。

在建设和发展过程中，城市要形成自己的品格，展现自己的特色，要找到自己的个性和灵魂，就需要有基本的文化自信，大力传承中华优秀传统文化，实现中华优秀传统文化的创造性转化和创新性发展。要善于从中华优秀传统文化中寻找现代城市建设的真谛、生机与活力，把更多中华优秀传统文化因子注入城市血脉，播撒到城市每个角落，不断提升城市文化品位和内涵。当然，也要以开放包容的心态，善于学习和借鉴世界各国优秀文化成果与城市建设经验，让本土文化在与外来文化的交流互鉴中扩大视野、丰富内涵，从而全面提升我们的创新能力，按照时代要求和社会需要，创造出为人民群众所欢迎和接受，又具有强大吸引力和影响力的先进的城市文化。

---

① 《习近平：像爱惜自己的生命一样保护好文化遗产》，2015年1月6日，新华网（http://www.xinhuanet.com/politics/2015-01/06c_1113897353.htm）。

第二章

旧邦新命:"续断"传统的现代郑州文化

"旧邦新命"一语出自3000年前《诗经·大雅》的名句:"周虽旧邦,其命维新。"原意是说,后稷①开创的周虽然是个历经千年风雨的古老邦国,但到了文王时代,由于得到天命眷顾,终于焕发了全新气象。数百年后,孔门弟子曾参在《大学》中引用了这个句子,同时为"其命维新"注入了"作新民"的含义,意思是一个社会应朝着"止于至善"的目标使民自新。显然,这里的"其命维新"远不是如今人们说俗用滥的"创新"之意,而是指社会群体的精神进化——这应是中国传统的"文化"概念的形而上本义。

以"旧邦新命"为题展开本书对郑州文化的叙述是恰当的,因为今日郑州虽然是个在现代化进程中崛起的年轻城市,但由于它坐落于作为华夏文明诞生地的中原地区腹地,因而在卷帙浩繁的历史文献里,在黄河溢泛的泥沙封固之下,从来不缺少印证其古老身世的证据。半个多世纪以来,随着阳城夏朝都城遗址被划入郑州市域,随着郑州市内商城遗址重见天日,随着管国、郑国、韩国都城的旧事被一再提起,郑州终于厕身于"中国第八大古都"②。就此而言,说它是"旧邦"亦属合理。

---

① 后稷系周的始祖,姬姓,名弃。父帝喾,母姜嫄。《山海经》有云:"帝俊生后稷。"
② 2004年11月4日,中国古都学会正式确认,郑州是与西安、洛阳、北京、开封、南京、杭州、安阳并列的第八大古都,其理由之一在于自20世纪50年代起,在今天的郑州市域内发掘出古商城遗址。

图 2-1 饕餮乳钉纹铜方鼎，商代，重 150 斤，1982 年郑州向阳回族食品厂青铜器窖藏坑出土。该鼎造型宏大，有较高的历史和科学价值，彰显了这个城市的文化魅力

资料来源：河南博物院和郑州博物馆网站。

但郑州的崛起与其说源于它的"旧邦"资历，不如说是因为它获得了新的"天命"眷顾，这个天命就是河南省在 20 世纪初遭逢的现代化进程。在那之前，郑州只是个夹在洛阳、开封两大古都之间、千载之中籍籍无名的小县镇，但 1906 年竣工的京汉铁路在这个小地方埋下了今日郑州大都市的种子，1954 年郑州被确定为河南省省会，近年来郑州又被国务院陆续批准为领衔中原经济区乃至中部六省地区的国家中心城市。显然，与大多数中国城市相比，郑州的迅速崛起实在是拜中国现代化进程所赐，它是中国现代化的"异数"。

不过,"旧邦新命"固然刻画了郑州在上古史的辉煌和在近现代赢获的亮丽前景,但也隐含着一个令不少郑州城市文化史专家困惑甚至尴尬的事实:在郑州的古都史与现代都市史之间,存在着一个少说一千多年,多说逾两千年的文化断裂史。这个时期的郑州不仅不是邦国之都,甚至在大部分时间里不再是区域的中心城市,只是个依附于其他区域中心的县镇。这样规模的县镇难以成为区域历史文化的叙事主体和传承主体,难以肩负上承古都史、下启现代大都市文化的重任。由于这个断裂,只要谈到郑州文化人们总要争论:郑州究竟是座年轻的城市还是座古老的城市?它是否具有自古至今一以贯之的文化特性?如果有是什么?郑州文化与中原文化是什么关系?今日郑州文化在传承和传播古老的中原文化方面承担着怎样的功能?

回答上述问题,仅靠罗列现代考古学资料或郑州城市文化建设的数据是不够的,它需要文化哲学的追问:郑州在近现代的崛起透露着怎样的文化信息?经济实力和城市规模的快速升级能否赋予郑州一种区域历史文化传承和叙事主体的资格?郑州在重构以自身为本位的历史叙事时能否寻获它自身的文化特性或文化精神?已然跻身于"国家中心城市"的郑州是否真正有资格、有能力承担起华夏文明传承创新的重任,承担起在"一带一路"传播中原文化的重任?在辉煌的上古古都文化与现代蓬勃发展的大都市文明中,如何实现文化叙事资格和文化精神内涵的"续断"?——"续断"是一味中草药,有"续接断骨,疏定经络"的功能。唯有对传统的"续断"方可以让重新发现的古都文化有机地融入郑州现代都市的物理空间和精神空间。总之,"断裂与续断"构成了本书关于郑州文化叙事的基本视域。

第一节 "少年老城":郑州是怎样的历史文化名城?

今天的郑州市包括6个区、5个县级市和一个县,城区建成面积456平方千米,市域总面积近7450平方千米。所谓"郑州文化",就是以郑州城区为代表的市域内历史文化资源、文化产业和公共文化服务整体。

第二章 旧邦新命:"续断"传统的现代郑州文化 / 19

再考虑到以郑州市为省会的河南省总面积为 16.7 万平方千米,以郑州市为中心城市的整个中原经济区为 29 万平方千米,由此不难理解,当代郑州文化的建设与发展对整个中原大区域文化发展具有怎样的意义。

图 2-2　郑州文庙,见证了 1900 多年来郑州历史的变迁
资料来源:河南图片网。

考察以城市为主体的区域文化,总要先对该城市的历史文化资源进行梳理。如果面对的是历史悠久的古典城市,文化资源梳理首先会聚焦于它的古史资源;如果面对近现代诞生的城市,梳理工作将聚焦于现代文化。现在的问题是:郑州是一座古典城市还是一座现代城市?抑或古典与现代交响的城市?

"古典城市"与"现代城市"是城市文化类型学的常规分类。"古典城市"通常因其拥有丰富独特的历史文化资源而享誉世界,如中国的洛阳和北京、希腊雅典、法国巴黎和英国伦敦等,这类城市往往又被称为"历史城市";另一类所谓"现代城市",多是因为在近现代取得了令人瞩目的经济进步和城市扩张成就,这样的城市在中国有上海、哈尔滨、大连、深圳等,人们也称它们为"年轻的城市"。从城市空间来看,中国古典城市与现代城市在许多指标上存在明显区别。古典城市多建于内地，背山面水，其格局规范是宫室暑衙居中、民居市场四围、内城外郭分界明显，人称"政治中心型城市"（CAD城市）。[1] 从命名规范来看，中国古典城市的名称里通常缀上个"城"字，如长安城、洛阳城、汴梁城、北京城等；而中国现代城市则多是因海边商埠或铁路交通枢纽而兴建，其城市格局往往顺应其交通或经济功能而形成，故称"商业中心型城市"（CBD城市），其名称中则往往缀上个"市"字，如哈尔滨市、大连市、上海市等。[2] 按甲骨金文"城"字的初义是以金戈来护卫城郭，强调其隔绝内外的军事政治含义；而"市"在金文里的初义则是"招徕叫喊"，后《周易·系词下》说："日中为市，致天下之民，聚天下之货"，强调的显然是其商业含义。

现代化大潮使古典城市与现代城市的区别变得模糊甚至迅速消解，一些转型成功的古典城市，在获得现代城市功能的同时，依然可以保持、延续或衔接着传统的城市空间和建筑风貌，成为"古典—现代型城市"[3]。当然，一个无法回避的事实是，中国过去40年规模空前的"建设性破坏"[4]，已经使绝大多数古典城市基本失去了传统的空间形态和建筑风貌，但即使如此，人们依然可以从城市文化发生学角度再度追问上面的问题：郑州究竟是一座古典城市还是座现代城市？

文史学家对此大多持有共同的答案：郑州当然是古典城市，不仅如此，它还是中国首屈一指的古典城市。近来不少郑州城市史著作都会提到以下事实：20世纪50年代，郑州旧城一带发现商朝遗址，经过近半个

---

[1] 朱文一在《空间·符号·城市——一种城市设计理论》（中国建筑工业出版社2010年版）一书中谈到中国古典城市时指出："中国古代城市按院落布局……事实上，'国'和'家'是'院'的不同表现形式。'国'是'院'的上限，'家'是'院'的下限，上下限构成了'家国同构'。"他又说，对这个按"院落"布局的家国同构体来说，"将内外隔绝开来的墙成为重要的边界实体。……《周礼·考工记》所描述的城市，是以墙为显著特征的，并且在四周设置护城河。这与古代中国的'四至观'相符合。"引文分别出自该书第34页和第36页。

[2] 关于上海市的开埠形成过程，参见张凡《城市发展中的历史文化保护政策》，东南大学出版社2006年版，第234页。

[3] 同上书，"历史古城的自然发展和现代城市新区建设"一节，第95页。

[4] "建设性破坏"是导致20世纪中国古城大规模消失的最重要原因，王军在其记录北京古城劫难史的名著《城记》（生活·读书·新知三联书店2003年版）中对此有大量的记述。

世纪的几次发掘，一个早于殷墟年代的商代早中期都城轮廓重见天日，郑州的建城史由此上溯到3500年以远，大大超过了号称有3000年建城史的北京，开封、南京或杭州更不在话下。20世纪70年代，当时尚属于开封地区治下的登封县告成镇发现夏代初年的阳城遗址，为史书中的"禹居阳城"一说提供了实物证据。随着登封县在1983年划归郑州市，郑州理所当然地成为华夏文明的第一发祥地，成为"华夏"这个中华民族第一名称发明权的当然继承者。主要是基于这些考古证据，1994年郑州被列入第三批"国家历史文化名城"名录；2004年，它又被中国古都学会这一民间学术团体确定为中国"八大古都之一"。至此，郑州作为中国历史古城的事实灼然不谬。

图2-3 今日郑州（夜景）

资料来源：郑州市人民政府网站。

然而，虽是同样享有"古都"或"历史名城"名号，人们在将郑州与洛阳、西安、北京等城市相提并论时总不免感觉异样。原因很简单，洛阳、西安或北京等城市的古都史实，在千百年来的历史叙事和民间流传中连绵不绝,在其古城空间形态和建筑风貌依然有据可查。相比之下,郑州的古都史,尤其是其夏商时期的古都史,在秦汉以后2000多年的历史大潮反复冲刷下已然泯不可考,在其城市空间形态和建筑风貌中更是无迹可寻。用专业化术语来说,郑州是个有"古都遗存"但却没有"古都风貌"的城市,在其数千年以前的古都史与百十来年的现代都市史之间,存在着一两千年的"断裂"。进而言之,它如今所以获得"历史文化名城"和"古都"称号,主要应归功于现代考古学的发现,这种考古学发现又与郑州市在近现代的快速开发扩张存在着明显的因果联系。由于这个缘故,有学者戏称郑州是个"少年老城",是个"既年轻又古老的城市"。

"少年老城"的说法兼顾了对郑州现代史和上古史的确认,已为人们普遍接受。但很少有人认真反思这一说法在历史叙事发生学上的含义,以及由此衍生而来的城市文化类型学上的含义。所以,这依然是个有待澄清的说法。

从历史叙事发生学来看,将郑州称为"少年老城",其确切意思是说它是个"先有现代叙事,后有古史叙事"的城市。为说明这个论断,有必要简要谈谈所谓历史叙事发生学。这个理论有一个著名代表,就是20世纪初意大利历史哲学家克罗齐。克罗齐在其名著《历史学的理论与实际》①中提出一个说法,"一切历史都是当代史",要义是说,虽然人们在常识上相信,历史无非是过去客观发生的一系列事实或事件,但从历史意识角度来看,这些事实或事件只有进入历史叙事才能获得其意义和影响力。换句话说,有许多发生过的历史事实或事件,因为没有进入历史叙事而化为虚无。就此而言,历史叙事当然就是历史事件的二次发生学。姑且不论克罗齐这样的判断是否过于激进,是否具有普遍的方法论价值,它对于郑州的历史文化叙事来说是相当准确的。根据前面的介绍,我们已经知道,对郑州古都史的确认,是伴随郑州现代城市的快速扩张、伴随现代考古学的发展而出现的,正是在这个意义上,我们说这是个"现代叙事先于古史叙事"的城市。

---

① [意]克罗齐:《历史学的理论与实际》,傅任敢译,商务印书馆1982年版。

值得注意的是，"现代叙事先于古史叙事"还蕴含着另一个重要判断，即郑州是因为百年来城市的快速升级扩张，才具备区域历史叙事主体的资格的。什么是"区域历史叙事的主体资格"？举例来说，关于一国的历史通常是以这个国家为本位的历史叙事；关于国内某一区域的历史，则是以在该地区长期具有支配影响力的经济政治单位为本位的历史叙事。在中国古代，都城当然是具备最重要区域历史叙事主体资格的经济政治单位，而在地方上，长期作为州府治所的城市也大多具备区域历史叙事主体资格。出于这个理由，中国1982年出台的《中华人民共和国文物保护法》和2008年正式出台的《历史文化名城名镇名村保护条例》中确定的历史文化名城，多是指那些在区域文化中具有长期支配影响力的地州级城市。当然，在截至2018年确认的134个国家历史文化名城中，也有约1/5的县级市，但这些县级市大多分布于中国山区和边远地区，它们在山地阻隔的生存世界已经具备足够强势的区域支配性影响。

由此来看郑州，它在夏商周三代的近2000年时间里曾多次充当中央王朝或地方邦国的都城，就此而言，它当然有资格成为那个时代区域历史的叙事主体。但在从战国末年到清末民初的2000多年中，它沦落为区域一隅的县镇，处于开封和洛阳的强大政治文化影响力覆盖之下，完全不具备对于该区域的、独立的历史叙事主体资格。唯有在20世纪50年代一跃而为河南省省会之后，郑州才重新获得这个资格。

以上论述表明，"现代叙事先于古史叙事"，在现代化城市发展进程获得区域历史叙事主体资格，这是所谓"少年老城"的共同特点。这些特点虽然在郑州市表现得最为典型，但却并非这个城市所独有。从某种意义上来说，中国大陆许多现代城市都是如此，如河北省省会石家庄市、安徽的蚌埠市等都具有这样的特点。它们在中国现代化进程中迅速跃升为区域的中心城市，同时便成为区域历史文化的叙事主体。在这些城市中，大量的现代考古学发现和文史学研究都服务于区域文化史的重构。据此可以说，这种"现代叙事先于古史叙事"的"少年老城"打破了传统城市文化类型学将城市简单区分为"现代城市"和"古典城市"的二元对立方法。正因为长期受到这种二元对立意识的束缚，中国古都协会推出的"古都"名单才会引发各种非议。

第二节 "火车拉来的城市"：郑州在百年历史中的多级跨越

郑州是个"现代叙事先于古史叙事"的城市，抓住了这个特点，本书对郑州市文化史的叙述便与众不同。时下几乎所有郑州文史著作都从天地开辟、三皇五帝写起，但本书认为，对郑州文化史的恰当书写起点应当是中国在19世纪和20世纪之交兴建的第一条铁路，即京汉铁路。正是该铁路的兴建，使郑州从一个无足轻重的北方县城，变成了中国南北现代交通线上的重要节点。在此之后，郑州在不到两个甲子的时间内实现了城市发展的多级跨越：20世纪10年代，随着与京汉铁路线交叉的陇海铁路线的兴建，郑州成为中国中部重要的铁路枢纽；20世纪20年代末，郑州撤县设市，开始了严格意义的城市化进程；20世纪50年代初，郑州跃升为河南省省城；20世纪70年代末，郑州乘改革开放东风让经济发展和城市建设步入快车道；到了21世纪第二个10年，郑州在中国主体功能区规划中依次变身为大中原地区中心城市、中国中部地区国家中心城市，"一带一路"上的综合交通枢纽城市。

这种城市发展的多级跨越不仅轨迹鲜明，而且呈现出巨大的文化意义：它让郑州从一个不具备区域历史叙事主体资格的小县镇，一举跃升为21世纪初"华夏文明传承创新区"的承担者。

一 断裂：郑州辉煌古都史在秦汉以后的深埋和遗忘

现代郑州大都市是从一个多世纪前的小地方县城开始发迹的。根据《郑州市志》记载，"清朝中后期，郑州是一座渐趋衰落的旧县城，城市保持着较为典型的封建社会都市的布局：县城衙门居中，城区内有东西南北大道交会"。"到19世纪末，城区的面积仅2.23平方公里，人口不过2万。"[1] 有文章描述说，这个县级的直隶州，其旧城样貌为"东西2华里，南北1.3华里，城墙高2丈8尺，周长6.6华里，城池的四角分别

---

[1] 两处引文出自《郑州市志·第三分册》，中州古籍出版社1997年版，第3、11页。

建有 2 层的阁楼,东西南北四门分别称为宾阳门、西城门、阜民门和护城门"。显然,这种城市格局和城市规模与当时全国数以千计的县城并无二致①,与西边 120 公里以远的十三朝古都洛阳或东边 60 公里的古城开封相比,这时的郑州小城太不起眼了。

但如果将历史往前推溯 2200 年以远,我们会看到,郑州历史的辉煌度与其东面 60 公里开外的开封相比毫不逊色,甚至更有过之。

"郑州是中华古代文明的发祥地之一",这是现代郑州史文献中常见的卷首语,这个说法不乏证据。有学者历数郑州的都城史说:"当文明之火点燃之际,这里便成为中国最早的政治首都,并且五次为都。……最早在郑州建都的是中华民族的始祖轩辕黄帝;第二个在郑州建都的是夏朝;第三个在郑州建都的是商王朝;第四个在郑州建都的是春秋时期的郑国;第五个在郑州建都的是战国时期的韩国。"②值得注意的是,这段"五次为都"的叙述多半属实,但其关于轩辕黄帝建都郑州的说法,无疑来自民间传说,未经考古发现证实之前不足凭信。事实上,将考古科学发现、历史文献记载与民间传说混为一谈的现象,在国内不少地区的地方主义史学叙事已成通例。不过,轩辕建都的传说虽不可采信,但郑州曾经"五次为都"的说法却并没有错,因为上文作者在引入轩辕建都说法的同时,却有意遗漏了另一个重要史实,那就是郑州在周武王灭商之后也一度成为管国国都。管国国君管叔鲜是周武王的三弟,他受封后在今天郑州管城区建立国都。不过在武王死后,管叔因参加反对周公的叛乱遭到镇压,身死国除,立国不足 4 年。③ 作者将管国都城剔除于郑州的"古都史"之外,显然出于历史伦理学的考量。但管国的存续时间虽短,"管"作为郑州地区的名称却存续了数千年,直到今天。④

无论怎样,郑州地区辉煌的古都史到战国末期戛然而止。公元前 249 年,秦国军队攻入韩国都城。从那时起直到隋文帝结束南北朝割据的公

---

① 参见刘晖的文章《铁路与郑州近代城市空间结构变动与功能演变》。
② 王星光、李秋芳:《郑州与黄河文明》,河南人民出版社 2008 年版,第 49 页。引文有删减。
③ 同上书,第 108 页。
④ 如今郑州市中心区即为管城区,它也是商城遗址发现地。

元581年，在830年中，今天郑州所在地区不仅不是邦国的都城，甚至不是区域中心城市，它多半以"管邑"或"管城"的名字隶属于其他州县，变成一个尚在县治以下的行政单位。从隋文帝开始，"郑州"名称开始出现，此后的790年中，即到元代末年，郑州在绝大部分时间一直是州一级的行政单位，今日郑州城区也在一段时间内成为州治所在。不过，到了明清时代，郑州在大部分时间又被降为县级行政单位，隶属于开封府，最终在清末民初被称呼为郑县。

以上郑州的行政建制简史表明，从其先秦时期古都史的结束，到20世纪50年代成为河南省会之前，其间经历了2000余年的漫长岁月，在其中近1400年中，郑州一直是个县级甚至小于县级的行政单位，大部分时间在行政上隶属荥阳、开封等州府一级的单位。这种低级别的行政设置不可能让它充当区域中心城市，不可能让它成为区域历史叙事主体。久而久之，郑州的古都史被深埋于黄土之下，彻底地湮没遗忘，以郑州为本位的历史文化叙事彻底断裂了。

二 两条铁路交通线编织出的现代城市

郑州经过长达2000余年的沉寂，终于在19世纪末叶迎来转机。1895年年底，也就是中国在甲午战争惨败于日本后的第二年，清政府决议修建国内第一条铁路，即从北京到武汉的"卢汉铁路"。[①] 1896年，湖广总督张之洞等奏请成立铁路总公司，任命天津官道盛宣怀为督办大臣，统筹建设。美国、英国、法国等纷纷表示愿意包揽工程，但张之洞等因担心这些西方列强由此控制中国的铁路命脉，最终选择既具备铁路建设和经营经验、国家规模又小得多的比利时作为合作对象，于1898年与比利时签署《卢汉铁路比国借款续订详细合同》和《卢汉铁路行车合同》，向该国借款，允许比利时公司参与铁路设计施工。1906年4月，卢汉铁路正式通车，湖广总督张之洞与直隶总督袁世凯一道验收，改"卢汉铁路"为"京汉铁路"。[②]

---

① 即后来的"京汉铁路"，"卢汉"的"卢"是指北京卢沟桥。
② 参见何汉威《京汉铁路初期史略》，香港中文大学出版社1979年版。

第二章　旧邦新命："续断"传统的现代郑州文化

毫无疑问，京汉铁路兴建是中国现代交通史的一场意义深远的革命，但从中国城市史来看，这场革命的意义远远超出了交通的范畴。无论在东方还是西方，城市自古以来一向是交通线路上的重要节点。中国传统的交通线路主要有两种：一是依赖内地江河水道（尤其是大河的二级支流）而形成的水路交通，包括为了把不同的江河水系连通起来而人工开凿的运河系统；另一种是人工兴建的旱地驿道交通。当然，在汉代、唐代和南宋时期，与外洋联系的海路交通也曾相当发达，但明清以后的中央政府因为感受到来自外洋的压力，日益倾向闭关锁国，遂使中国海运交通大大萎缩。

中国内地的古典城市基本都是作为江河水路和主干驿道的传统交通线路的重要节点，它们的交通功能、经济功能到政治功能千百年来鲜少变化，太湖周边的苏州无锡、京杭大运河和长江交汇处的江苏扬州以及河南的洛阳、开封（宋称汴梁）等大体如此。但近现代交通革命以海运和铁路为代表，它直接导致依托沿海通商口岸和内地铁路公路枢纽的现代城市的迅速崛起，与此同时造成依赖运河漕运、车马驿道的传统城市的没落。传统城市沦落的代表是江苏扬州，这个在隋唐之际仅次于长安、历尽千百年繁华岁月的"淮左名都"，由于偏离了20世纪20年代兴建的京沪铁路大动脉，在民国年间迅速衰落。在河南，同样的命运也降临在十三朝古都洛阳和当时的河南省会开封两市。由于受到京汉铁路的冷落，这两座都曾在历史上充当过世界第一大都市的名城，在民国以后百年间无可挽回地式微了，眼睁睁地看着它们之间的小小郑县迅速坐大，并最终造成主从关系的彻底颠倒。

打开地图，我们会看到京汉铁路进入河南省境以后，本应从豫北的安阳直线向南，过黄河经过当时的省会开封，再通往开封之南的素有"河南四大名镇之一"称号的周口，最后出河南直奔湖北汉口。但事实上，这条铁路并未按这条直线修建，而是从安阳起就开始向西偏斜几十公里，经过新乡，再过黄河到达河南岸的郑州，最后向南直到许昌、汉口。这样一个向西的转弯恰恰把省会开封和河南名镇周口甩出了南北交通大动脉。为什么会有这个转弯呢？坊间有流传说：兴建京汉铁路之初，时任直隶总督袁世凯因担心铁路会将列强的势力和洋人的教堂带到他的老家周口项城，破坏该地的安宁，因此嘱托他的结义兄弟盛宣怀让铁路绕开开封和周口，从而使这两个千年名城错失了近现代的发展机遇。当然，这只是个无可稽考的传闻。更可靠的说法是，由于开封附近的黄河段是河床过高的"天河"，在这里建黄河大桥成本较大并且不安全，因此，铁路设计方选择在郑县方向建设黄河大桥。

无论出于何种原因，京汉铁路选择了郑县小城，给它带来了巨大、影响深远的发展机遇。锦上添花的是，在京汉铁路通车仅两年后的1908年，作为东西铁路大动脉陇海铁路前身的汴洛铁路（从开封到洛阳）通车，并在郑县与京汉铁路交叉会合，1913年，陇海铁路全线通车。[1] 由此，郑州从京汉铁路（民国时期改名为"平汉铁路"）上的节点变成了中国南北东西两大铁路动脉交会的枢纽。

在两大铁路的拉动下，郑州进入城市发展快车道。1908年，清政府批准郑州辟为商埠；1923年，北洋政府再次批准郑州辟为商埠。四海商家纷纷云集于距离郑州老城不远的火车站南站和北站，沿火车站呈放射状展开的马路交通，使郑州新城的空间格局与老县城形成鲜明对照。喧闹的马路两侧，货栈、商铺、旅馆、银行、邮局、车行等鳞次栉比，仅十余年后，时人便评论郑州曰："百货骈臻，相形度势，实为汴洛间一大都会。"[2] 到20世纪30年代前后，郑州商业同业公会有40余家，超过了开封的30余家，居河南省第一。郑州俨然成为河南地区最繁华的铁路商业中心，其"贸易颇盛，为河南之冠"[3]。

1928年，国民政府决议设立郑州市，郑州成为与开封比肩的河南省两大省辖市之一。同年该市出台《郑州新市区建设草案》，这是郑州历史上第一份城市规划。20世纪初的郑县旧城面积只有2.23平方公里，人口约计2万，但1928年的城市规划，覆盖旧城、商业区和新城区总面积达35平方公里，人口达45万。从城市空间来看，新城的格局已不再按照中国的传统礼制来营造，传统的中国政治中心型城市开始彻底转变为现代

---

[1] 参见何汉威《京汉铁路初期史略》，香港中文大学出版社1979年版，第四章第三节"汴洛铁路"。

[2] 参见刘晖的文章《铁路与郑州近代城市空间结构变动与功能演变》。

[3] 参见郝鹏展的文章《激进与保守：民国期间郑州两次城市规划的比较》。

交通商业功能型城市。

抗日战争期间，郑州城市建设遭受巨大破坏。抗战胜利后，该市出台《郑州市初步建设计划纲要》，谋图尽快医治战争创伤，并预见到这个"居五方之冲，为河南全省之门户；抑亦通行直鲁秦陇间之孔道"的城市"势必发达"，[①] 但这些复兴努力在内战背景下化为泡影。

三 从河南省省会到中部地区的国家中心城市

1949 年新中国成立后，郑州迎来全新和稳定的发展机遇。1953 年，郑州市被列为国家重点建设城市，铁路交通运输和棉纺企业迅速成为郑州工业化建设的支柱，重工业也在该市初具规模，郑州成为河南省第一经济大市。在此背景下，1954 年河南省省会从古城开封迁到郑州，党政军、文化教育、医疗和水利等各部门纷纷入驻，大大提升了郑州市的政治影响力。到第一个五年计划完成时，郑州市形成了西部轻纺工业区、西北部重工业区、北部行政文化区的大格局，再加上旧有的中部商业区等，这个城市已从农耕文明时代的州县级行政单位城市，转变为具备现代交通、工业、商业等综合功能的省内中心城市。

1978 年改革开放以后，郑州市经济发展和城市建设经过 10 年复苏进入腾飞阶段，国家和河南省不断推出对郑州利好的各项政策：1992 年，郑州被国家列为内陆开放城市；1997 年，郑州被确定为全国商贸中心试点城市；2003 年的郑东新区建设启动；2009 年的郑汴新区建设启动……[②]总之，经过改革开放 40 年的飞跃，郑州快速成长为国内乃至在亚洲位列前茅的、融公路铁路航空通信于一体的综合交通枢纽，成为国内最大的商品集散地中心之一。郑州航空港区成为国内首个国家级航空港经济综合试验区。与此同时，郑州商品交易所成为中国首家期货交易所，郑州成为河南自由贸易试验区的主要组成部分之一。

最近 10 年，郑州的经济和文化辐射力开始溢出河南省界，这种溢出效应在"十一五"规划期间国务院研拟编制的"全国主体功能区规划"

[①] 参见郝鹏展的文章《激进与保守：民国期间郑州两次城市规划的比较》。
[②] 参见蔡安宁等《郑州城市空间结构演变与重构研究》，《城市发展研究》2012 年第 6 期。

中得到背书。在规划里,郑州市从河南省中心城市提升为超越河南省范围的大中原区的中心城市。

2012年,国务院批复《中原经济区规划(2012—2020年)》,确认郑州为中原经济区暨中原城市群的"区域性中心城市";2016年年底,国务院批复《促进中部地区崛起"十三五"规划》,又将黄河干道旁的郑州与扼守长江咽喉的武汉确定为中国中部6省区的两个"国家中心城市",使它们从包括长沙、合肥、南昌、太原的6省会城市中脱颖而出,成为中国中部地区的双子星座城市。郑州继1954年升格为河南省省会城市、2012年成为中原经济区"区域性中心城市"之后,又一次赢得具有长远战略影响的战略机遇。不仅如此,《促进中部地区崛起的"十三五"规划》还明确提出,以郑州为双核心之一的中部地区要主动融入国家发展战略,全面对接推进中国"一带一路"建设。由此,郑州凭借其在综合交通枢纽建设、国际航空港建设、电子商务综合试验区建设以及国际物流中心建设等方面的成就,成为"一带一路"上的重要枢纽型城市。

改革开放40年,郑州经济实力获得了空前增长。1978年全市GDP总量20亿元,2017年跃升为9130亿元,40年间绝对数值增长450倍。这个数值是洛阳市同期GDP总量的1倍以上、开封市的5倍。伴随经济实力的快速发展和城市定位的不断提升,郑州的城市空间也得到迅速拓展,高新技术新区和经济开发区陆续涌现,多个农业县相继撤县立市,郑州新区面积和城区人口呈现爆发性增长态势。1988年郑州城区建成面积为73.4平方公里;到了2017年,其中心城区为456平方公里,市域内全部城区建成面积830平方公里,前者在30年之间扩展了6.2倍,后者则在30年间增长了11.3倍。城镇人口由1978年的125万人增长到2017年的713.71万人,40年之间增加了4倍多。如果与110年前的郑县旧城相比,今天的郑州城区总面积扩大了200倍以上,城区人口增长了250倍以上,经济实力更是天壤之别。

最后值得一提的是,虽然郑州城乡人口总数逼近1000万,但它依然是人口净流入城市,每年流入人口30万以上。在2017年中国人口净流入城市榜单中,它位列前10;在这前10个人口净流入都市中,长江以北的城市除了京津，就只有郑州。此外，郑州也是在珠三角、长三角和环渤海三大都市圈之外少有的几个人口净流入都市之一。这个数据表明，郑州这个发掘出越来越多上古遗存的城市，这个"火车拉来的城市"，依然是个富于活力的"少年老城"。

第三节　文化复兴：承担华夏文明传承创新核心区重任

经过百余年尤其是新中国成立以来的多级跨越，郑州这个在19世纪尚名不见经传的小县镇后来居上，跃升为河南省中心城市、大中原区域中心城市、中国中部六省的国家中心城市，乃至"一带一路"线路上的枢纽型城市。一个城市能有如此际遇，在中国是不多见的。值得注意的是，作为辐射多重区域的中心城市，郑州不仅承担着交通和经济发展的重任，还被赋予了重大的文化使命。2012年出台的《中原经济区规划（2012—2020年）》提出，由郑州领衔的中原经济区同时肩负着"弘扬中原文化"、建设"华夏文明传承创新区"的历史责任，郑州相应地被确定为"华夏文明传承创新核心区"。

"华夏文明传承创新核心区"的定位对郑州市提出了"内外兼修"的要求：对内需要加强对自身历史文化遗产资源的发掘和梳理，加强现代城市文明建设；对外则要承担促进整个中原地区文化复兴、以现代传播手段复兴和弘扬中原文化的重任。那么，什么是"中原文化"或"华夏文明"？如何认识这种文化在前现代与现代时期的历史命运？这是今天谈论复兴和弘扬传统中原文化时首先应当给予关注的。

一　概念辨析："中原""中原经济区""中原文化"及其他

近年来，以郑州为研究对象的文献大量问世：经济领域有考察郑州与"中原经济区"关系的论著，城市研究方面有研究郑州与"中原城市群"的课题，而在文化领域，以"中原文化""华夏文明""黄河文明"

"河洛文明"或"嵩山文化"为题谈论郑州的著述更令人目不暇接。① 这些令人眼花缭乱的名称中有一个核心语词是"中原",而这个词在不同语境中又有不同的用法,因此,有必要对它进行专门的辨析澄清。

"中原"是个古老名称。《左传·僖公二十三年》(前637年)记载城濮之战,即有"晋楚治兵,遇于中原,其辟君三舍"的叙述。② 狭义的"中原"通常指从以洛阳到开封为中心的黄河中游地区,其主要地域在今河南省内;广义的"中原"则覆盖黄河整个中下游地区,包括山西东南部、河南大部、河北南部、安徽西北部和山东地区。不过,当今的河南学者多倾向于认为,"中原"的本义就是指河南省全境。

从语义衍生顺序来看,"中原"首先是个政治地理名词,本义是"天下之中的原野"。"天下至中"是个在西周初年出现的说法。③《周礼》"六官书"每一篇的卷首语都会说道:"惟王建国,辨方正位,体国经野,设官分职,以立民极。"这里的"辨方正位"是当时统治者的首要立国原则,它要求把作为华夏民族政治经济中心的"中国"或"中土"与周边少数民族栖息的所谓"四夷之地"区分开来。在那个时代,"中原""中国""中土""中州""天下之中"等语汇都是一个意思。

此外,至少自周代开始,"中原"还是个与"华夏"互通的名称。在发生学上,"华夏"最早是关于特定人群的称呼。相传中华民族始祖伏羲氏的母亲生于华胥氏,故其后人自称"华";而"夏"则是中国文明史上第一个朝代名称,由此"夏"与"华"一样也成为中华民族的自称。由于夏朝的政治中心恰好位于狭义的中原地带,因此,作为人群称谓的"华夏"在先秦时期逐渐演变成与地理名称"中原"等价的名称,"中原文化"与"华夏文明"成为一而二、二而一的表述。

---

① 特别推荐张广智等《大嵩山——华夏历史文明核心的文化解读》,大象出版社2016年版;李民等《郑州古代都城》,河南人民出版社2008年版;王星光等《郑州与黄河文明》,河南人民出版社2008年版;王建国等《郑州大都市区建设研究》,社会科学文献出版社2017年版。

② 按城濮之战发生地是山东鄄城,该城位于开封以东190公里的黄河南岸,由此可知当时的中原概念范围很广。

③《史记·周本纪》:"成王在丰,使召(周)公复营洛邑,如武王之意。周公复卜申视,卒营筑,居九鼎焉。曰:此天下之中,四方入贡道里均。"

"中原文化"或"华夏文明"的说法由来已久，但它们最近引起世人关注却是因为"中原经济区""中原城市群"与"华夏文明传承创新区"等提法的出现，这些概念主要产生于中国"十一五"时期关于《全国主体功能区规划》的研究。

值得一提的是，最初河南省内学者心目中的"中原经济区"或"中原城市群"是以狭义"中原"概念为依托的区域发展规划，那里的"中原"只是河南省的一部分。梅宪宾的《中原城市群发展战略研究》指出："中原城市群是指以省会郑州为中心，包括洛阳、开封、新乡、焦作、许昌、平顶山、漯河、济源共9个省辖（管）市，14个县级市、33个县、340个建制镇。区域面积5.78万平方公里，占全省的35.1%；人口4045万，占全省总人口的41%。"①

仅仅过了3年，国务院颁布的《中原经济区规划（2012—2020年）》便大大扩展了"中原经济区"的范围："中原经济区（CPER）是以郑州大都市区为核心、中原城市群为支撑、涵盖河南全省延及周边地区的经济区域，地处中国中心地带，全国主体功能区明确的重点开发区域，地理位置重要、交通发达、市场潜力巨大、文化底蕴深厚，在全国改革发展大局中具有重要战略地位。……中原经济区范围包括河南全省及山西、山东、安徽、河北局部地区，涵盖5省30个地级市及3个市辖区、县，总面积约29万平方公里，总人口16529.78万人，生产总值68616.33亿元，经济总量仅次于长三角、珠三角及京津冀，为全国经济第四增长极。"显然，这里的"中原经济区"是以历史上的广义"中原"概念为依托的，它的范围超越了今天的河南省，因此今人有时称为"大中原"。与这个"大中原"概念对应的"中原城市群"，远远超过河南省内的9个省辖（管）市，它被扩展为5省30个地级市的庞大城市群，规划者期待它成为中国的第四大城市群或经济增长极。

前面提到，《中原经济区规划（2012—2020年）》申明的五大战略定位不仅覆盖交通、城市化和经济发展等方面，还在"弘扬中原文化"的主题下，阐述了建设"华夏文明传承创新区"的文化使命。在2016年国

---

① 参见梅宪宾《中原城市群发展战略研究》，中国社会科学出版社2009年版。

务院颁布的《中原城市群发展规划》第八章中,这个战略定位更加细化为要"发挥中原城市群地域相近、文脉相亲的优势……建成华夏文明历史创新区域,构建中原文化传播平台"等具体要求。

至此,"中原经济区""中原城市群""华夏文明传承创新区"构成了"三位一体"的经济文化区域概念,郑州大都市是这个区域的"中心"或"核心",它不仅赢得了区域交通与经济发展的中心城市地位,还赢得了区域历史文化叙事主体的资格,更肩负起区域文化传承创新传播的任务。

二 "中原文化"的前世:农耕时代的中心区域文化

在几年前出台的全国主体功能区规划的框架内,"华夏文明传承创新区"所标示的中原文化不过是中国众多"区域文化"之一,但若从20世纪回溯数千年以远,我们会发现中原文化的地位绝非"区域文化"一语所能涵盖,毋宁说它是中华民族的"中心区域文化"。"中心区域"有两个含义:第一,中原一向被视为华夏文明的首要发祥地;第二,在中原地区孕育形成的文化内容在中国数千年的农耕时代中一直居于主流支配地位。

前文提到,历史上作为"中心区域"的中原只是洛阳到开封一带的狭小区域,在史料中,该地区常被"河洛""伊洛""颍水"等河流专名所指代。这里的"河"指黄河,"洛"指洛水(今洛河),"伊"则指伊水(今伊河和伊洛河)。洛伊两河都是黄河支流。另有一条"颍水"虽是淮河水系的支流,但其位于嵩山的源头距西北方的伊水仅百余里。[①] 这片区域虽不大,却实实在在孕育了至今不绝的中华文明。

中原是华夏文明的发祥地,中国的古都文明史在这方面提供了极为丰富的证据。《国语·周语上》有云:"昔伊洛竭而夏亡,(黄)河竭而商亡。"韦昭对此作注说:"禹都阳城,伊洛所近。"这些文字表明,夏商

---

① 此处列举的河、洛、伊、颍只是代表性的河流。古人对中原这块地方早有"四面环山、六水并流、八关都邑、十省通衢"的描述。四面有邙山、青要山、荆紫山、周山、龙门山、香山、万安山、首阳山、嵩山等多座山脉;河流有洛河、伊河、清河、磁河、颍河、涧河、瀍河分属黄河、淮河和长江三大水系,等等。

两代政治中心就在黄河伊洛段附近。

南北朝时，郦道元在《水经注》详细描述了禹都与颍水的关系："颍水经其县城（阳城）故城南，昔舜禅禹，禹避商均，伯益避启，并于此也。……颍水自褐东迳阳翟县故城北，夏禹始封于此，为夏国。故武王至周曰：吾其有夏之居乎？遂营洛邑。"这里所说的"颍水"，正是指与伊水、洛水附近的颍河源头地区，如今位于郑州市域的登封县内。

在20世纪之前，"禹都阳城"一直只是文献里的传说，但在20世纪70年代，中国考古工作者终于将这个传说变成了现实。经过几十年的工作，考古学者在登封县告城镇陆续发掘了面积达30万平方米的阳城夏代都城遗址，将"禹都阳城"的史实锁定在公元前2070年。此外，偃师二里头夏朝遗址发掘、郑州管城区商都遗址发掘，都印证了黄河、洛水、伊水交汇地带以及颍河上游是中国最早告别史前时代的地区。

中原地区不仅是华夏文明初期都城出现最早的地区，也是中国建都朝代最多、古都数量和分布密度最大的地区。在这块土地上，夏商周三代的天子之都和邦国之都凡数十个，两汉、魏晋、南北朝、唐朝、五代、北宋以此为都的帝王超过百位。近年来古都协会评选的"八大古都"或"十大古都"中，中原地区占了4个，包括十三朝古都洛阳、八朝古都开封、七朝古都安阳和夏商古都郑州，此外这里还分布着商丘、南阳、濮阳、许昌、登封、夏邑、偃师、虞城、淮阳等历史上曾经充当过古都的城市。

除了毋庸置疑的都城史证据，黄河、洛水、伊水地区还是中国古代政治神学的重要发祥地之一。这里所说的政治神学，当然包含作为中华民族共祖的伏羲和黄帝的传说，而其最重要的代表，则是被当代学者颂为"中国众经之首"的《易经》，这是一本宛如神来天授的文本，是中国上古经典里最具神秘意味和哲学气息的作品。据传"易经"一名原本是夏商周三代的三部卜筮之书《连山》《归藏》和《周易》的统称，但由于秦汉以后流传于世的只有相传为周文王所作的《周易》一书，《易经》便成为《周易》的代名词。《周易》分为经部、传部两部分，由于《易传》7种10篇相传为孔门弟子所作，《易经》故被列入儒家的"六经"。但深究起来，儒家只是对《周易》进行索解的派别之一而已。除了儒家，包括《周易》在内的《易经》系列对春秋战国时期的道家、兵家、阴阳家、法家、医家、农家、天文家和纵横家等无不产生了深刻影响。它特有的卦象爻辞解释、数术推演方式以及占卦卜筮用途，既被挪用来架构绵延2000年之久的儒家大传统理论体系，也深深浸透于天文、地理、数学、历法、农耕、医道、建筑设计等中国古代科技传统，并依然存活于至今流行于民间的风水堪舆、运命推演等小传统活动中。

从发生学角度来看，夏商周三代流传的《易经》文本大致应当产生于中原地区。相传《周易》卦象的源头是"河图洛书"。按《易·系辞上》云："河出图，洛出书，圣人则之。"这个句子提示着一段在春秋时期广泛流传的说法：在上古伏羲氏时代，黄河孟津段一匹龙马背负"河图"浮出水面。圣人伏羲据此发明八卦，这就是后来《周易》的来源，汉代学者刘歆《汉书·五行志》云："伏羲氏继天而王，受河图，则而图之，八卦是也。"后来到了大禹时代，黄河支流洛水中浮出神龟，背驮"洛书"。大禹根据"洛书"的提示治水成功，将天下划定为九州，又依此制定九章大法，这就是中国另一部政治神学著作《尚书·洪范》的来源。

值得关注的是，虽然儒家思想的创始者曾经致力于研习阐发《易经》的思想，其易学解释也一直被后人奉为经典，但被后世称为"易学"的理论系统其实与儒家思想只是部分的重合：从发生地来看，以河图洛书或周易八卦为代表的易学观念大多出现于河洛一带的中原地区，而儒家思想最早则是在鲁邹一带塑造成型的；从发生年代看，易学的产生年代可以推溯到华夏文明曙光初现的时代，大大早于公元前5世纪后才兴起的儒家思想；从影响史来看，易学对儒学的影响只是其影响史的一脉，在儒家之外它还广泛影响了诸如巫医易、卜筮易或道家易的诸子百家；最后，即使从"独尊儒术"的汉代以后，中原地区的儒学学者也多对易学相关文献情有独钟，东汉谶纬之学与北宋伊洛之学都是这方面的代表。由此可见，中原地区自上古以来就存在着一个以易学为核心内容的"河洛学传统"，该传统早于儒学，影响力不限于儒学，在思想史上与儒学有合有分。就此而言，我们也可以将这个河洛学传统称为"前儒学传统""超儒学传统"，它与儒家思想一样，是中国农耕时代华夏文明的重要代表。

河洛学不仅包含河图洛书或周易八卦，还包含在中原地区滋生繁衍的各种大传统和小传统文化资源，其中对后世最具影响力的就是后文将会提到的"天地之中"或"致中和"的观念等。这些观念虽然经过后世的儒家思想大力阐扬，但其关于中国"天下观"的想象方式却远远早于儒家，这种想象方式深刻地影响了中国的伦理政治哲学。

总之，我们认为，在今天弘扬中原文化、建设华夏文明传承创新区的背景下，河洛学可以成为中国传统思想史中的一个与儒家思想并立的、独立的学术单元。梳理河洛学的文脉，厘清河洛学与正统儒学和其他百家的思想关系，这是传承华夏文明的一项重要的学术任务。

三　"中原文化"的今生：肩负中华文明伟大复兴重任的区域文化

然而，"中原文化"如今不再是"中心区域文化"了，它蜕变成众多的"区域文化"之一，这当然是现代化进程的产物。

在遭遇现代性冲击前，中国文化的类型是相当典型而有代表性的。费正清在《美国与中国》与剑桥中国史系列的序言中，都称中国是农耕文明的典范。作为华夏文明诞生地的中原地区，当然就是农耕文明的代表。这个地区中出产的经典文本，这个地区人民对世界和人生的理解方式，深刻影响着数千年中国的治国大传统与民间小传统。比如，它的姓氏谱牒文化表达了农耕社会强烈的"根系意识"以及与之对应的安土重迁的观念；它的卜筮文化透露着农业社会人群特有的天人关系意识和运命吉凶观念；它的"天下之中"想象代表着超稳定的农耕社会常有的自我中心化的"中心—边缘"政治想象；它的"中和"意识则体现着农耕社会那种内敛的生命意识和伦理生活准则。上述种种思想意识和文本表达，构成了人们通常所说的"中国文化"或"东方文化"的主体内容。在"文化"之前加上"中国"或"东方"等地缘性定语，本身就提示着这种文化在中国或东方具有支配性的地位，它们是"中心区域的文化"，而不是随便什么"区域文化"。

然而，这种奠基于农耕文明的前现代文化在近代受到了前所未有的挑战。这个近代在西方国家大约发生于1500年。在那之后，以往与各个区域性或地缘性文化系统存在千丝万缕联系的科学技术，开始转变成为以科学观察和理论理性为基础的超地缘性的科学技术；以往以自然经济为基础的地缘性市场主动或被动地融入国际化的市场；以往以"根系形态"存在的独立传承的文化传统也日益感受到来自其他传统的挑战、竞争或覆盖。一言以蔽之，以往自成中心的各个文明开始以主动或被动的方式汇入世界史。

中国进入近代史的时间大约是1840年。这个庞大的农耕文明最初是在船坚炮利的现代工业文明的逼迫下，被动卷入近代文明的。前文提到，河南省铁路兴建的历史，郑州市在近现代的崛起，都是被动卷入现代文明的明证。然而，20世纪初以来的百余年，新中国成立以来的70年，尤其是改革开放以来的40年，中国卷入现代性进程的姿态越来越主动，越来越积极。这种积极姿态使中国从一个具有强烈地缘意识的封闭社会变成了一个对外部世界高度好奇的开放社会；使中国从君临万邦的主人意识民族变成了一个学习的民族。这种转变给中国带来了前所未有的发展成果。经过几十年的虚心学习和励精图治，中国经济总量的绝对数值比40年前翻了200多倍，中国的政治影响力也获得了空前的提升。用习近平总书记的话说，"我们前所未有地靠近世界舞台中心，前所未有地接近实现中华民族伟大复兴的目标，前所未有地具有实现这个目标的能力和信心"。

然而，在从前现代到现代的巨大转变中，原本在农耕文明中担纲主角的中原文化却不可避免地陷入式微和衰落。从政治文化区位评价来看，中原地区从延续数千年的中国政治和文化的"中心区域"，蜕变成为一个与国内其他地方性文化并列的"非中心区域"；从文化生态来看，中原文化从前现代长期居于支配地位的"主流传统"，蜕变为陷入解构和遗忘状态的民间性"小传统"；从中原文化的代表性城市来看，洛阳、开封在近现代的衰落与郑州在近现代的崛起形成了强烈的反差对照。总之，当河南本地学者一再宣称，河南是中原文化或华夏文明的发祥地或母体时，中原文化或华夏文明也就同时呈现出河南地方化的趋向。

第二章　旧邦新命："续断"传统的现代郑州文化　／　39

图 2-4　郑州之郑东新区

资料来源：郑州市人民政府网站。

　　然而，随着改革开放以来中国综合国力的快速提升，随着中国经济政治影响力进入了新的涨潮期，中国文化的复兴或自主性重建问题再次摆在国人面前。没有中国文化的复兴，中华民族的伟大复兴便没有精神性支撑；要复兴中国文化，就不能任由当初孕育和传承这一文化的中原地区，蜕变成一个可有可无的"非中心文化区域"。进而言之，尽管在如今的政策文本中，"华夏文明传承创新区"仅仅被视为一种"区域文化"，但人们应充分意识到，这个区域文化曾在以往数千年中充当着"中心区域文化"，曾是属于华夏文明主流的文化。从某种意义上来说，这个区域的文化能否得到高质量的传承创新，是件事关中华民族伟大复兴的大事。为此，作为"华夏文明传承创新核心区"的郑州，在制定相关传承创新方案时，应具备鲜明的"脱域化"意识，应摆脱"地方主义"或"小传统主义"意识，树立防范"伪文化""伪民俗"的意识，以避免以传承文化之名来破坏文化。

第 三 章

文化释源：从区域文化解释学透视郑州历史

  古迹遗存、传统街坊是城市的立体记忆。没有历史的城市就像没有记忆的人；消除了历史遗存的城市就像失忆的人。美国著名历史学家和城市规划理论大师刘易斯·芒福德说："古往今来多少座城市无一不是时间的产儿。……在城市环境中，时间可以看得见、摸得着。古老建筑、纪念碑以及公共要道、大街小巷，样样都比书写的文字记载更加公开而真实。……城市以不同的历史时间层次把一个个世代的具体特征依次贯穿起来。……若离开了城市的丰富的时间特性，城市就很难摆脱'唯有现在'的悲惨结局，就只能面对一种单调的未来。"[1]

  今天的郑州大都市是从 2.23 平方公里的小城高速膨胀起来的，大部分街区、建筑风貌乃至城市空间命名系统确实像芒福德所说，缺少"城市的丰富的时间特性"，难免让人产生"唯有现在"的单调感。但前文提到，郑州地处华夏文明腹地，并不缺乏历史记忆的资源。如何将这些资源编织进现代都市生活空间，使这个城市的"历史时间层次"丰富起来，这是现代郑州文化建设的一项重任。为此，应当下大气力、实事求是地认真梳理和深入研究郑州的文化资源，尤其是历史遗产资源。3 年前，郑州围绕建设华夏文明传承创新核心区的任务，出台了《郑州历史文化名城保护规划（2015—2020）》；2017 年，郑州市规划局又出台《关于全面

---

[1] 参见［美］刘易斯·芒福德《城市文化》，宋俊岭等译，中国建筑工业出版社 2009 年版，第 2 页。

开展"历史文化街区划定和历史建筑确定"普查工作的通知》,计划在3年内摸清郑州主城区和所属各区市的历史文化街区和历史建筑家底,对这些街区和建筑,"认定一批,公布一批,保护一批",这项工作虽开展略迟,但总算提到城市规划的日程上来。

围绕郑州历史文化遗产资源,近年来郑州、河南本地和国内学界的学者出版了不少著作文章①,半个多世纪以来,郑州市域内的考古发现也硕果累累。但许多著述似乎都有意无意回避了一些涉及区域历史研究的前提性问题:既然郑州是在过去70年才崛起为一个区域中心城市,那么以"郑州"为本位的历史叙事,尤其是古史叙事,究竟是如何可能的呢?再从另一个角度看,在过去的百年中,郑州的城区总面积和市域总面积一直处于快速扩张之中,近年来的郑汴新区建设与郑汴一体化发展②,必然使郑州的市域总面积继续扩大,在此背景下,应如何处理以"郑州"为叙事本位的历史写作和以开封、洛阳为叙事本位的历史写作呢?对这些问题人们不应当无视或回避,也不能指望通过常识予以解决。事实上,它们是区域文化解释学的重要课题,换句话说,郑州这个"少年老城"为区域文化解释学提供了绝好的个案。

第一节 区域文化解释学与郑州历史叙事特点

一 概念辨析:区域文化解释学

区域文化解释学是20世纪蓬勃发展的解释学的重要一支。"解释学"(Hermeneutics)作为哲学学科出现已有数百年,它主要考察处于历史演变中的文本及其理解问题——这里所谓"本文"可以是书写作品,也可以是古迹遗存、古筑碑碣、象征符号等一切人工符号表达物。它们在历

---

① 参见陈习刚文章《二十五年来河洛文化研究的回顾、反思和前瞻》,《洛阳师范学院学报》2016年第9期。

② 郑汴新区西起郑州市中州大道,东起开封市金明大道,南达中牟县、尉氏县南县界,北至黄河南岸,规划范围包括沿黄河生态文化旅游产业带部分地区、郑东新区、郑州经济技术开发区、郑汴产业带、郑州航空港区、郑州九龙国际产业园区以及汴西新区,面积约2000平方千米。郑汴新区被视为中原经济区核心层和增长极。

史中生成,对它们的解释和传承必然显示出复杂的历史性。普通人对文本的传承和理解总是停留在常识层面的认识,但在解释学哲学看来,常识认识往往会掩盖文本理解具有的历史性。譬如,常识认为,理解一部经典就是要把握住经典作者的原意,解释学家则会追问,经典作者是否真有一个现成摆在那儿的等待发现的一成不变的原意呢?许多文明源头经典,如佛经、《圣经》或《易经》,其作者为谁尚难确定,结集成书过程也十分复杂,要找到那个一成不变的作者原意如何可能;另有常识认为,历史事实与口头传说判然有别,不容混淆,但解释学家研究指出,历史事实记述与传说从来就是你中有我我中有你;常识还认为,任何历史文本或历史事件,发生就是完成,但解释学家会说,文本或事件会在后世的不同理解中获得它们的"来世"(after-life)。总之,解释学高度关注文本及其意义在历史变迁中的复杂性。

20世纪中叶起,解释学从纯哲学向自然科学、历史学科等领域渗透,人们对科学理论和历史文本的生产和传播的复杂性有了更加丰富的理解。与此同时,解释学也渗透到人类学—社会学,其中就包括地域历史文化研究领域,该领域的杰出代表有美国区域和城市规划理论奠基人刘易斯·芒福德(1895—1990)、美国都市和乡村文化人类学家罗伯特·雷德菲尔德、美国文化人类学家和地方知识解释学家克利福德·吉尔兹(1926—2006)等。他们的共同点是以城市和乡村作为区域历史文化研究对象,发掘区域文化发生流传的法则,尤其关注区域历史文化在现代化挑战之下的命运,相继提出了诸如城市的时间性本质(芒福德),都市"大传统"与农村"小传统"的二元对立模式问题(雷德菲尔德),还有对特定地域和人群的"地方知识"进行深入描述的地域解释学(吉尔兹)等理论,这些思想对于考察郑州的地域历史文化遗产十分重要。

需要强调指出,我们在对郑州发展中高度凸显的现代化与历史文化传统关系的考察中,还发现了一些全新的区域文化解释学话题,下文提到的"区域历史叙事主体的转变""地方中心主义史学""区域历史文化资源的多重身份归属",以及"历史遗存、地方传说与文化景观的关系"等问题,都是对区域文化解释学的补充。

二 "中原文化中心"之争与"地方中心主义史学"

对所有郑州文史学者来说，他们在书写郑州的历史文化、书写中原地区的历史文化时，都会遇到一个共同的问题，即应当从何种"视域"（horizon）出发来梳理和叙述这个地区的历史文化资源，这个问题也是区域文化解释学的首要问题。

2007年，在讨论郑州与当时热议的中原经济区的关系时，有学者在《试论郑州中心文化与中原文化圈的结构层次》一文开篇问道："作为华夏文明腹地的中原地域文化中心在哪里？"作者指出，黄河两岸是华夏文明的中心地带，八大古都有其四，即郑州、洛阳、开封和安阳。那么，就这四个古都而言，"谁才是中原文化的中心呢"？作者围绕这个问题梳理出四种观点，即所谓"郑州单中心说""郑州洛阳双中心说""郑州—开封—洛阳三点一线中心说""郑州开封一体中心说"，随后得出结论说，由于在这四个中心说里，唯一不变的常项是"郑州"，由此可印证郑州无疑是"中原文化的中心区域"，洛阳、开封和安阳，乃至南阳、商丘、焦作和许昌等，都是"中原文化的次区域"[①]。

我们不知道以"郑州"为唯一常项的四种中心说是否言之有据，但不难看出，这种"郑州单中心说"背后的假定是：既然今日郑州是河南省乃至大中原地区的交通枢纽、经济重镇和政治中心，那么它自然应当成为区域的文化中心。应该说，认为一个区域的经济政治中心理所当然地应当成为区域文化中心，这正是郑州被确定为"华夏文明传承创新核心区"的基本理据，它是中国区域规划领域的常规观念，体现着一种让文化从属于经济政治的逻辑。这样的逻辑固然会给当代郑州文化建设带来诸多便利，但也会带来一些难解的问题，比如，如果采取以郑州为叙事本位的"书写视域"，该地区的历史遗产资源梳理和叙述极易陷入叙事困境。原因很简单，即在长达2000年的历史中，中原地区具备区域历史叙事主体资格的城市是洛阳、开封而不是郑州，因而传统的区域史学也

---

① 张永奇：《试论郑州中心文化与中原文化圈的结构层次》，《政策探索》2007年第9期（下）。

多采用洛阳或开封两种"书写视域"。今天一旦以"后来居上"的郑州为历史遗产资源梳理和叙述本位,就会有意无意地将以往历史文献中在洛阳、开封名下展开的历史叙事挪用于郑州,从而造成河南乃至大中原区域历史叙事脉络的错乱。事实上,今天在郑州文化史名义下谈论的"河洛文化"或"天下之中"等核心观念,在过去的区域历史叙事中本来都与"洛阳"的名字唯一相关。这个问题处理不好,以郑州为本位的区域史叙事就可能沦为张冠李戴的伪史学。

当然,历史总是倾向于承认后来叙事者的书写特权的,因而以"后来居上"的区域叙事主体取代曾经存在的区域叙事主体,这种现象在当代国别史和地方史学中并不少见,它们的极端化代表及所谓民族主义史学和"地方中心主义史学"。我们不时看到某些韩国民族主义史学家依据当代出现的韩国本位意识,对东北亚的古史资源归属问题进行大幅度的修正,表现出狭隘的"韩国中心论"的古史书写态度。[①] 对于这种态度,严肃的史学学者大多不以为然。同理,如果把"郑州单中心说"挪用到中原地区的古史叙述,也难免会出现"区域历史叙事韩国化"的风险,这恰恰是目前国内许多"地方中心主义史学"的通病。

当然,任何区域的经济、政治乃至文化中心并非注定一成不变,这种变化在区域历史文化遗产资源叙述的意义上,或许会体现为区域历史叙事主体身份的变化。区域文化解释学承认历史叙事主体身份的变化,但同时认为,承认这种变化的同时,还必须承认由此导致的区域内历史文化遗产资源的"多重身份归属",这样才能最大限度地实现史学叙事公正。譬如位于登封的周公测景台虽然在30多年前被划入郑州市域,但由于它是西周初年的周公为营造"洛邑"而创制的政治技术学建筑,因而在以后3000年的大部分时间中,它是归属于洛阳历史叙事系统的。就此而言,周公测景台至少具有两种身份归属:今日归属为郑州市的世界文化遗产,但这与它在当初归属于洛阳文化圈的情况并不冲突。唯有承认了这种多重身份归属,郑州的历史叙述才不会出现用现代叙事覆盖历史

---

① 参见拙文《东亚国家的文化民族主义与中华文明圈的解构》,《战略与管理》2012年第9期。

叙事、用现代逻辑去扭曲历史叙事逻辑的错误。

作为一个"少年老城",郑州的古史资源梳理和叙述应当充分借鉴上述解释学的"多重身份归属"思想,既肯定21世纪郑州的区域文化中心地位,又尊重洛阳、开封在历史上长期担任区域文化中心的史实,这样的区域历史文化著述才能摆脱"地方中心主义史学"的偏见,得到史学界的认同。

第二节 郑州历史文化遗产：实然状态VS应然状态

一 历史文化遗产保护的成就

从严格意义上说,"郑州的历史文化遗产"就是指"历史文化遗产在郑州",它包括今天在行政管辖意义上被归属于郑州市的一切地下历史资源、地上历史遗存和建筑景观。它们虽在历史上各有不同身份归属,如今都处于郑州市有关部门的管辖、保护与合理化利用权限之内。

那么,郑州历史文化遗产的保护情况究竟如何呢?这个问题首先涉及的是这些遗产资源的"实然状态"。对这种"实然状态"的考察依据的是从国际到国内相互衔接配套的严格指标,它们包括联合国教科文组织《保护世界文化和自然遗产公约》(1972)、《保护世界非物质文化公约》(2003)、《保护和促进的文化多样性表现形式公约》(2005)等多项文化公约,以及中国文物局或住建部等颁布实施的《文物保护法实施条例》(2003)和《历史文化名城名镇名村保护条例》(2008)等。根据这些规约,一个区域内的历史文化遗产保护大致包括：联合国教科文组织、国家、省、市和县五级认定的文化遗产和非物质文化遗产;从国家到省级认定的历史文化名城、名镇、名村和历史文化街区系列。

单从数量、等级和文物影响力等指标来看,郑州市域内的历史文化遗产可称丰富。截至2017年,该市拥有世界文化遗产2项(全国有50余项),即登封市"天地之中"历史建筑群(2010)和大运河通济渠郑州段(2014);全国重点文保单位38处;省级文保单位38处;市县级文保单位430处;国家级非物质文化遗产6项;省级非遗7项,市级19项。这些历史遗产中,不乏驰名国内甚至享誉世界的项目,如少林寺、"天地之中"历史建筑群、阳城夏朝都城遗址、商城遗址等。20世纪末，郑州被列入"国家历史文化名城"名录，其市域内的登封市、新郑市和巩义市被确定为省级"历史文化名城"。2012年以后，郑州被确定为华夏文明传承创新核心区。

虽然郑州市域内的历史文化遗产数量不算少，影响力也不弱，虽说郑州市的历史文化称号一个也不少，保护工作的成就可圈可点，但普通人谈到郑州，往往很难想到它是一座能够唤起人们思古幽情的古都；专家们谈到郑州，也总会感叹这座城市历史文化遗产的"实然状态"，与郑州地处中原历史文化腹地的地位高度不相称、与郑州作为华夏文明传承创新区核心区的地位高度不相称，与国家和河南省对它作为区域文化中心城市的期待高度不相称。一句话，郑州历史文化遗产的"实然状态"与其"应然状态"存在着很大的距离。

二 "国家历史文化名城"的含金量有待提高

郑州位于中原腹地，是华夏文明的发祥地，该地区素称"一部河南史，半部中国史""地下文物全国第一，地上文物全国第二"。作为这个地区的中心城市，郑州本当享有"华夏文物甲天下"的美誉。但事实远非如此。2008年，郑州市社科联课题组推出《郑州文化形象调查》，在回答"你认为能代表郑州文化形象的人工文化景观"问题时，"二七广场"当选第一（47%），其次是商城遗址（23%）、黄河生态园（19%）；在关于郑州城市标志性建筑调查中，排在第一的是"二七纪念塔"（40.2%），第二名是裕达国贸（21%）。2015年，有作者推出《郑州城市形象调查与分析》，得出了与上述调查相近的结果："郑州城市品牌形象缺乏文化内涵。虽然郑州是一座千年历史文化古都，然而在调查中作为'文化古迹'的印象却是最少的。（排在首位的）"二七纪念塔"是二七大罢工的历史见证，（排在第三位的）少林寺为群众熟知，但还有许多历史古迹不为人们熟知，文化对郑州经济发展的支撑作用不明显。"[①]

[①] 参见郑州市社科联课题组文章《郑州城市文化形象调查》，《郑州日报》2006年1月6日；参见马连《郑州城市文化形象调查与分析》，《美与时代·城市》2015年第8期。

以上调查看起来有数据有事实，但其实还是比较表面化的。如果稍加深入追寻下去，我们会发现像"河南地上文物全国第二"的说法如今多半是名不副实的，现在我们来看一下郑州的"国家历史文化名城"含金量问题。

理论上说，一座国家历史文化名城应当在其城区范围内保有一定数量的国家或省级历史文化街区，在其市域范围保有相应数量的国家或省级历史文化名镇、名村等。譬如第一批入选国家历史文化名城的北京市（1982），自1990年起分三批推出了43片历史文化保护街区，其中三片在2015年被文化部和国家文物局批准为"中国历史文化街区"。此外，它还拥有一个国家级历史文化名镇和4个国家级历史文化名村。

对比之下来看郑州：中国自1982年到2018年，陆续公布了134个国家历史文化名城，郑州市是1994年第三批入列国家历史文化名城名录的。按规定，一座国家历史文化名城至少应有两片以上其核心区在1公顷以上的历史文化街区。值得注意的是，当郑州市入列"国家历史文化名城"时，它当时名下尚没有一条按规定应由省或直辖市认定的历史文化街区。直到2010年，河南省人民政府才公布了郑州市3处历史文化街区，即书院街历史文化街区、文庙—城隍庙历史文化街区和德化街—大同路历史文化街区，而到了2017年，郑州市在编制《历史文化名城保护规划（2017—2020）》时，对上述3处历史文化街区做了调整，保留了书院街历史文化街区和文庙—城隍庙历史文化街区，撤掉了德化街—大同路历史文化街区，又补入了二砂历史文化街区和国棉三厂历史文化街区，现在共有省级历史文化街区4片。[①] 至今郑州市尚没有一条"中国历史文化街区"。

---

① 中国1982年由国务院出台的《文物保护法》，首次提出由国务院核定公布"国家历史文化名城"，由省、自治区和直辖市认定和公布"历史文化街区"，但并未明确规定，国家历史文化名城应该最少拥有2个以上历史文化街区。直到2008年国务院颁布的《国家历史文化名城名镇名村保护条例》才明确规定："申报历史文化名城的，在所申报历史文化名城的保护范围之内还应该有2个以上历史文化街区。"由于该规定的晚出，不少2008年以前申报的历史文化名城像郑州一样，当时并没有历史文化街区。

图 3-1　河南历史文化名村——方顶村，郑州市内发现的面积最大、规模最大、保存较为完整的一处明清建筑群，中原独特的乡土建筑文化的缩影

资料来源：新浪网河南频道。

再来看历史文化名镇，在中国分6次公布的252座国家级名镇中，郑州拥有1座，即惠济区古荥镇。此外它还拥有4个省级历史文化名镇，即巩义市康店镇、荥阳市泗水镇、登封市颍阳镇和君召乡。

最后看看历史文化名村，在中国分6次公布的276个国家级历史文化名村中，郑州榜上无名，市域内只有一个省级历史文化名村，即上街区方顶村。

由以上数据不难看到，郑州是一个缺少历史文化街区、历史文化名镇和历史文化名村的"国家历史文化名城"，它提示着这是一个"空壳化"的国家历史文化名城，一个在城市和乡村基层空间很难找到一公顷以上传统文化街区的国家历史文化名城。

郑州国家历史文化名城的空壳化还表现在其城市文化空间分割方式的变化上。本来，从发生学角度看，郑州的地域文化空间应该分为：其一，百余年前郑县所在的老城区；其二，百年之中迅速扩展的新城区（它由郑州主城区、各县级市区和开发新区构成）；其三，老城区和新城

图 3-2　河南艺术中心夜景

资料来源：郑东新区网站。

区外的一切其他市域范围。然而，几年前出台的《郑州历史文化名城保护规划（2015—2020）》将郑州空间分为另外三种：其一，历史城区，它是指20世纪下半叶出土的商城遗址和周边区域，这个区域与郑县老城区北部有一定重合，面积为3.8公里；其二，市区层次，它是指黄河、西南绕城高速公路、京港澳高速公路合围的区域，面积达1006平方公里（不含历史城区）[1]；其三，市域层次，它是指除历史城区和市区外的6436平方公里。

从新的城市空间分割不难看到，原本的郑县老城区，除几座孤岛化的院落、城隍庙和文庙建筑外，已然全部烟消云散。新城区的近代建筑也相继被拆除，鳞次栉比的现代商厦和都市广场洋溢着"唯有当下"的气氛。幸亏20世纪下半叶这里发掘出了一个商代都城遗址，否则这个城市会有什么东西与"古都"相关呢？

---

[1] 这里的"市区层次"比前文提到的城区建成面积456平方公里大了1倍以上。

三 "在郑州的历史遗产"VS"郑州历史遗产"

图3-3 观星台。位于登封市东南12公里，为元代天文学家郭守敬创建，是中国现存最古老的天文台，也是世界上著名的天文科学建筑物之一，全国重点文物保护单位，世界文化遗产

资料来源：登封市人民政府网站。

除了记录着近代革命史的"二七纪念塔"和新近发掘出土的商城遗址外，郑州主城区几乎没有什么内容与"古都"形象密切相关。不过，在其市域范围内的其他县级市或县域，毕竟还分布着不少知名度颇高的历史文化遗迹，最著名的要数2010年成功申报世界文化遗产的"天地之中"建筑群，该建筑群包括太室阙和中岳庙、少室阙、启母阙、嵩岳寺塔、观星台、会善寺、嵩阳书院、少林寺常住院、初祖庵、塔林8处11

项历史建筑，包括全国重点文物保护单位16处，河南省重点文物保护单位22处，各类文物珍品6700多件。此外，郑州市域内还分布着巩义市河洛镇北魏石窟寺，巩义市北宋皇陵前神道石像，新密市的在考古学、壁画艺术和社会史学等方面具有极高价值的打虎亭汉墓等。

然而，或许因为这些地区在近几十年才划归郑州市，或许因为郑州市长期缺乏相关的宣传策划，人们在习惯上很难将这些"在郑州的历史文化遗产资源"与"郑州"这个名称联系起来。最明显的例子当属少林寺。1982年，电影《少林寺》将少林寺的名称传遍中国和世界，但当时少林寺所在的登封县尚属于河南省开封地区，而《少林寺》讲述的又是嵩山少林寺和尚与隋末割据洛阳的军阀王世充的旧事。这样，尽管1983年登封县划归郑州市，但人们提起少林寺，大多会说"嵩山少林寺""登封少林寺"或"中国少林寺"，却很少会说"郑州少林寺"。同样的例子还有巩义市的北宋皇陵，人们都知道北宋王朝都城是开封，其皇陵所在地巩义市从文化脉络上与开封不可分割。但新中国成立以后，经过多次调整，巩义市最终于1983年划归郑州市，但这依然难以改变人们提到北宋皇陵就联想到开封的积习。

总体来说，由于郑州是个百年来迅速崛起、后来居上的区域中心城市，其行政区划的制定和改变对洛阳、开封这一中原核心地区的历史文化脉络产生了强烈的扰动性影响，它同时也造成人们只知"嵩山少林寺"而不知"郑州少林寺"、只知"河南巩义北宋皇陵"不知"郑州巩义皇陵"的尴尬。实际上，至今"郑州少林寺"或"郑州北宋皇陵"听起来都像是一种教科书水平的错误。

四 郑州历史遗产"实然状况"调研引发的忧思

以上，我们从几个方面谈到郑州市域内历史遗产资源的"实然处境"与"应然处境"的差距，其实这种差距在作为中原地区主体的河南省不是个案。在人们的想象或期待中，作为华夏文明摇篮的河南省在文物景观或历史生态方面应当是中国首屈一指的地区，但来到河南我们看到，百年来战争的蹂躏、"文化大革命"的践踏以及近40年来大规模的"建设性破坏"，使河南地面上的历史文化遗产陷入碎片化的绝境。前面提到，中国近年来分6批推出了276个"国家级历史文化名村"，在"中原经济区"涉及的五省中，山西省有国家级名村32个，安徽省有19个，湖北省有7个，河北省有12个，而河南省仅有区区2个。再从郑州作为国家中心城市的中部地区六省来看，除了上述几个省（其中河北省不属于中部地区），江西省拥有国家级历史文化名村24个，湖南省拥有15个。

上述数字表明，作为中原经济区主干、中部地区骨干的河南省在历史文化遗产保护方面处于十分尴尬的地位，而作为华夏文明传承创新核心区的郑州在梳理和处理历史文化遗产资源方面，面临着更加沉重的历史使命。

应该看到，郑州的历史文化遗产状况远不是全国最差的。截至2017年，全国有近300个地级市和近400个县级市，还有800多个市辖区，但历史文化名城只有130多个；全国乡镇级单位4万多，其中建制镇2万多个，但国家级历史文化名镇只有252座，占1.2%；全国有66万—67万个行政村，但国家级历史文化名村只有276个，仅占0.042%。这个比例刻画了我们这个文明古国的空壳化程度。然而，郑州是中国华夏文明的腹地，它的历史文化资源和历史文化空间的保护状况，具有重要的象征和示范意义。

第三节　从历史遗产到文化景观：
几个值得关注的问题

在6个区、5个县级市和1个县构成的郑州市域中，郑州主城区是对外往来的门户。但越走近这个门户，越感觉这里的城市空间缺乏厚重的历史文化气质氛围，缺乏让人敬畏的历史文化标志性建筑，缺乏让人们思接三代、神游汉唐的历史文化想象空间。虽然郑州如今是个超大型的交通枢纽、物流中心、电子商务和数字产业基地，但单有现代传播手段，能否让这个城市肩负起引领中原地区弘扬历史文化遗产、向中国和世界传播华夏文明的历史重任？这是在调研中强烈困扰我们的问题。

面对挑战，河南省和郑州市相关部门围绕郑州华夏文明传承创新核心区建设、国家历史文化名城建设、历史文化名镇名村和街区建设等，出台了一系列政策文件。郑州各相关部门和社会各界，除了向世界大力推荐少林寺、中岳庙、嵩阳书院等"天地之中"建筑群外，还积极推进商城遗址保护和周边环境改造、大运河通济渠郑州段（包含荥阳故城城址、古荥汉代冶铁遗址、纪信墓和碑刻、荥泽县城隍庙等）的保护和周边环境改造，并大力推进黄帝故里建设、黄河风景名胜区建设、始祖山（具茨山）风景区建设等多项文化产业工程。总之，历史文化遗产的普查抢救保护工作，面向中外游客的中原文化的宣传普及工作，正在郑州各区市县快速有序地展开。

然而，在如今席卷全球的文化创意产业影响下，人们很难用单纯的"为了历史而历史"的态度来面对区域内的历史文化遗产。让历史遗产成为景观，让景观化的历史成为品牌，把游客吸引指数当作评判历史遗产价值的重要指标，这在国内外许多地区已成为操作通例。这种历史文化遗产旅游化的趋向有其合理性，它开放了大众接近历史遗产的基本权利，但它同时也带来了严重的问题：将一切历史景观化，必然造成公众将一切景观视为历史。这个问题出现在那些历史文化资源相对贫乏的地区尚可理解，但出现在作为华夏文明诞生地的河南地区，就应高度关注和进行深入研究。因此，如何处理好传说与信史的关系，以避免伪历史的流行；如何处理好大传统与小传统的关系，以避免伪民俗的流行；如何处理好历史文化遗产展示区的空间环境，以避免以攀比方式将古迹圣地化，避免"假大空文化空间"的生产，这是在区域历史文化景观建设应当注意的几个问题。

一　正确认识历史遗存、民间传说与景观展示的关系

河南是历史文化资源大省，到河南尤其是到介于洛阳、开封之间的郑州旅游，首先应当是历史文化旅游，这是广大旅游消费者的共识。历史文化旅游的空间通常包含这样几个基本元素：其一，考古学遗址和博物馆；其二，与历史记载相对应的不可移动性文物，如历史事件发生场所、历史人物的生卒纪念建筑、历史建筑群、历史街区的格局和肌理；其三，标志这些历史空间、历史事件发生地和历史建筑群的命名系统；

其四，附着于这些历史遗存、历史空间的历史故事和传说——它们通常是由旅游手册和导游传达给游客的。在以上四种要素中，前三者应该是主要的，故事和传说应该是附随性的。在北京的故宫和颐和园、在巴黎的协和广场和凡尔赛宫、在法国宗教圣城阿维尼翁或西班牙早期首都托雷多古城，人们都能获得历史穿越的真切感。

然而，如果一个地区缺乏考古学遗址，或一个地区因保护不善，造成其历史事件发生场所、历史建筑空间或命名符号系统毁弃灭失，那么它们在为应对旅游大潮而"打造"新的历史文化景观或旅游核心吸引物时，大抵都会遵循"历史不够，故事来凑"的建设思路。这里所谓"故事"无非有三种：第一种是长期流传于民间的古老传说，它们虽不属于物质文化遗存，但至少可以归入非物质文化遗存中的"口头传说"事项；第二种故事是原来本有历史记载的依据，也曾有传统建筑或铭文碑刻的支撑，但后来由于各种原因，这些历史的实物证据灭失，真实的历史逐渐变成了故事传说；第三种故事就是现代人捕风捉影、张冠李戴、异想天开的胡编。

基于在对历史文化资源转化为旅游景观类型的上述区分，我们来看郑州地区，登封阳城夏朝都城遗址、市区内的商城遗址、登封"天地之中"建筑群，显然属于我们前面提到的那种名副其实的历史文化旅游景观，在那里，历史遗存、历史建筑形态、历史命名系统是原汁原味存在的，人们在那里能够切实感受到历史的生命。

遗憾的是，就物质文化遗存景观的数量、规模和密度来说，它们与郑州这个位于历史文化资源"天地之中"的地方是不匹配的。作为补救，近年郑州各区县大力兴建新的历史文化景观设施，这些设施兴建多是以"故事"为基础的，这些故事直踪三皇五帝神话，如伏羲女娲传说、黄帝传说、大禹传说等。

历史传说不是信史，它是否可以作为历史文化景观的依据呢？这首先是个比较复杂的解释学问题。

首先，人们在常识上一贯相信，历史应以确凿事实为依据，传说是"或许有"的故事，二者判然有别。但随着19世纪末科学主义的广泛渗透，无论西方还是中国都出现了"疑古派"或"疑史派"。意大利学者克罗齐认为，历史记载的客观性常常是个幻象，比如古希腊的城邦斯巴达没有自己的文字，因此它的历史主要是由其敌国雅典人来记述的，这样的记述怎么能保证客观性呢？事实上，西方历史学最初的意思就是"故事讲述"，历史记载传说存在千丝万缕的联系。有趣的是，英文"历史"一词写作 history，其根词正是 story，即"故事"。有词典解释说，"history"的语词本义就是"his-story"（"他的故事"）。中国的"疑古派"大师顾颉刚在 20 世纪 20 年代也提出，中国古史记载多由神话转化而成，并指出，时代愈后，传说中的古史期愈长。

历史记述与传说的不仅在客观性或真实性上难以二分，更为复杂的是，民间传说如果足够古老，本身也是历史的一部分，正因为这个缘故，2003 年联合国教科文组织通过的《保护世界非物质文化遗产公约》便将"口头传说"纳入保护范围。

再进一步看，依据历史传说构造景观不是现在才有的事，中国从两汉到明清，都曾有过大规模将传说变为景观的运动。陕西黄帝陵在西汉即已存在，该景观虽依据传说而建，但因其历史悠久，景观建筑自身已经成为弥足珍贵的历史遗存；甘肃天水市伏羲庙在明代成化年间兴建，虽然伏羲一事虚玄难信，但该建筑也理所当然地成为全国重点文物保护单位。这些历史文化景观变成了物质化的、立体的传说，在区域内民众的生活世界中流传。

正是这种历史传说与景观的复杂关系，我们看到中华大地自古以来就遍布依据传说而兴建的景观，它们成为民间精神信仰的寄居载体。甘肃天水市城区、河南淮阳县均自称是中华初祖伏羲的诞生地，兴建了大型羲皇纪念设施和纪念广场；甘肃天水市秦安县相传为女娲故里和炼石补天之地，河北邯郸涉县自南北朝便建有娲皇宫，相传也是女娲炼石之地，河南焦作市沁阳市也有女娲山女娲祠，河南周口西华县更是发掘出年代久远的女娲城遗址。除伏羲女娲外，上古三皇五帝传说的所有神话人物在国内都有不少故里或陵墓。

郑州市域内也存在着不少基于历史传说而形成的历史景观。《古今图书集成·职方典》称："上古伏羲时，龙马负图出于河。"今河南省郑州市巩义市河洛镇洛口村东黄河南岸即建有伏羲台，台东有一个 15 平方米的洼地称"羲皇池",相传为伏羲画八卦之处①;《山海经·中山经》载:"又东三十里,曰浮戏之山。"相传这座浮戏山即位于今河南省登封、新密、荥阳、巩义一带,正是在这一带分布着河洛地带的伏羲—女娲文化圈:新密县尖山天皇顶即建有供奉着伏羲女娲的"始祖庙"。而登封市的三皇庙内,也供奉伏羲、女娲与神农,少室山侧的中坡上建有伏羲女娲庙。新密与新郑交界处风后岭的得名,据说与伏羲、女娲姓风有关。

图3-4　2018年4月18日,戊戌年黄帝故里拜祖大典典礼在新郑举行。大典主题为"同根同祖同源,和平和睦和谐"

资料来源:新郑市人民政府网站。

除了伏羲女娲传说,郑州一带还广泛存在着黄帝传说景观和大禹传说景观。先来看大禹传说,郑州登封市便有大禹故里的传说,相传大禹出生于该地的祖家庄,这地方当初是大禹父亲的封地崇国的所在地。当然,郑州地区流传最广的要数黄帝故里传说。相传汉代在该地始建轩辕

---

① 洛阳市孟津县会盟镇如今有龙马负图寺,相传始建于东晋穆帝永和四年,即公元348年。

庙，历史屡毁屡修。明代隆庆四年（1570年）在轩辕庙前建"轩辕桥"；清康熙五十四年（1715年）新郑县知事许朝术于庙前立"轩辕故里"碑。进入现代，2000年9月，明清以来修建的轩辕庙（含轩辕故里）被公布为第三批河南省级重点文物保护单位，随后2002年和2007年该地实施两次大规模扩建，形成现在的黄帝故里景区。2008年6月7日，"黄帝故里拜祖大典"被列入第一批国家级非物质文化遗产扩展项目名录。①

黄帝故里景区和黄帝故里拜祖大典的形成，是历史传说演变为历史景观，历史景观又承担起现实政治神学功能的典型案例。与之配合，郑州市登封市的具茨山也被纳入黄帝故里文化圈建设。盖因先秦文献《庄子》曾有"黄帝将见大隗于具茨之山"的说法，具茨山自古便陆续创设黄帝神话景观，明清以后山上建起轩辕庙、南崖宫等。到20世纪末，历史神话演变为文化景观形成新一轮高潮，1995年具茨山正式更名为"始祖山"，重修复建的黄帝避暑宫、黄帝御花园、大鸿屯兵处以及少典祠、黄帝自然山饮马泉、嫘祖庙、黄帝三女冢等景观相继完成。再加上黄河风景名胜区的炎黄二帝巨型雕塑，黄帝故里旅游成为郑州乃至河南省旅游业的龙头。

郑州黄帝故里文化建设，是该地区将神话传说转变为历史文化景观，转变为区域内核心旅游吸引物的文化产业案例，它因应和促进了海外寻根拜祖文化，增进了中华民族的向心情感，具有强烈的文化政治意义。

但黄帝故里文化打造也面临几个问题：

第一，黄帝故里建设，让郑州地面依据神话而兴建的景观在规模和影响力超过了依据信史而存在的历史文化遗存景观，从而使历史遗迹和传说出现主宾关系颠倒。

第二，基于信史的历史遗迹与历史传说的最大区别在于，信史历史遗迹是高度唯一性的、排他性的。譬如郑州商城遗址、少林寺或嵩阳书

---

① 新郑县"黄帝故里拜祖大典"是当代衍生的非本真礼仪。该仪式2006年方塑造成型，2008年即被收入国家级非遗名录。有趣的是，百度百科为证明该大典古已有之，引述多条历史文献，核心引文是《史记·封禅书》："自古以雍州积高，神明之奥，故立畤郊上帝，诸神祠皆聚云。盖黄帝时常用事，虽晚周亦郊焉。"该引文所说"雍州"，实指今天陕西、宁夏全境与甘肃、青海部分地区，与河南新郑无关。

院等，它们只此一处，别无其他。而历史传说以及依据传说而兴建的景观则往往不具有唯一性、排他性，在全国许多地区可能重复存在。前文提到，伏羲女娲传说各地均有，而仓颉、神农传说也不限于一地，黄帝故里传说在史书上也莫衷一是。《史记·五帝本纪》记载："黄帝者，少典之子，姓公孙，名轩辕，黄帝居于轩辕之丘。"至于具体轩辕丘的具体地点，史学界没有统一看法，至少有河南新郑、陕西姬水、甘肃天水、山东寿丘四种观点。

由于历史传说缺乏唯一性和排他性内涵，各地基于传说而兴建的景观之间必然会出现关于唯一正统性的"地方中心主义史学"争论。为标榜正统性与合法性，各个地方都要尽力将传说强扭为信史，从而使"伪历史""伪民俗"或"伪礼仪"以讹传讹，谬种流传。

更不可取的是，为证明自己本地的传说是正统的，不少地区在历史传说景观的修复、复建和兴建方面大肆攀比，从而使大建筑、大广场、大雕塑、大祭祀之风四处蔓延，造成各地"假大空景观空间"层出不穷。

从全国和区域范围来看，多个神话主题重复的"假大空景观空间"的出现，造成重复建设，同构竞争，它是低端文化创意产业的发展标志，我们认为，文化产业相关研究和管理部门应对这种景观重复建设进行普查和评估。

二 让农耕时代历史文化遗产融入现代大传统

郑州市域文化遗产类型丰富，有代表史前文明的裴李岗文化遗址、大河村遗址；有属于古都文化范畴的登封阳城夏朝都城遗址、主市区内商都遗址、周公测景台、郑韩故城遗址、巩义北宋皇陵等；有郑县城墙、城隍庙和文庙等老城遗存；有作为宋明理学发祥地的中国第一书院嵩阳书院；有少林寺、大法王寺、石窟寺、中岳庙、关帝庙以及郑州北大清真寺等宗教建筑；有诸位先贤的故居、墓地或纪念祠堂如先秦的郑子产墓、列子祠，唐代杜甫故里、刘禹锡墓，明代高拱故居，以及民国以后的吉鸿昌墓、胡公祠、彭公祠等。此外还有二七纪念塔这样的近代红色历史遗迹。

除了物质文化遗存，还有相当多民间流传的非物质文化遗产，如郑州市管城区的列子传说、惠济区的中原古荥汉族丧葬习俗、新郑市的黄帝传说、荥阳市的先蚕氏嫘祖传说、荥阳市楚河汉界象棋传说、荥阳市道教音乐、登封市许由传说、登封木版年画、登封市民间社火独脚舞、登封窑陶瓷烧制技艺、巩义市洛神传说、新密市麻纸制作技艺（手工造纸）、新密市的新密溱洧婚俗等。

郑州的历史文化遗产林林总总，它们从传统类型学上可以被进一步区分为物质类文化传统和非物质类文化传统、古代史传统和现代史传统，还有就是大传统和小传统。

所谓"大传统"与"小传统"是美国人类学家罗伯特·雷德菲尔德在1956年出版的《农民社会与文化》中提出的二元分析框架，用来说明在西方社会里存在的两个不同文化层次的传统。大传统是指城市中少数上层人士或知识分子所代表的文化；小传统则是指通过民间生活领域各种非正式渠道传播的文化和记忆，口传故事和民谣都属于这一类。随着现代化进程的来临，大传统通过现代都市扩张和现代媒体普及而向乡村迅速渗透，而乡村民间的小传统则由于人口向大都市流动而趋于瓦解。

雷德菲尔德对大传统和小传统的区分对理解中国历史文化遗产具有启发意义。秦汉以降，以儒家思想为骨干宗法伦理政治思想一直是居于支配地位的大传统，它们支撑着历朝政治制度、伦理教化、礼仪规范和义理传承，甚至渗透在宫室园林设计、城市街坊格局和居民院落安排的法式之中。与之相比，小传统则更多属于美国人类解释学家吉尔兹所说的那些在相对封闭的生活空间中形成的"地方知识"[①]，包括地方传说迷信、民间游戏节庆、婚丧嫁娶礼俗、方言戏剧、服饰饮食，等等。迄至清末民初，人们对庙堂之上的大传统与村野坊间的小传统的区分是很明确的。

就郑州而言，它在农耕时期形成的大传统和小传统资源具有哪些表现呢？中国自21世纪初建立起来的四级非遗产申报体系，主要涵盖的就是各地的小传统的历史文化资源，郑州近年来在这方面的工作卓有成效，

---

① 参见［美］克利福德·吉尔兹《地方性知识：阐释人类学论文集》，王海龙等译，中央编译出版社2004年版。

普查整理和抢救了一批非遗资源。谈到所谓大传统历史文化资源，郑州乃至包括洛阳和开封的中原文化核心地带具有自己的鲜明特点。上一章提到，这个孕育成长于中原地带的大传统可以统称为"河洛文化"，它与兴于春秋、在西汉定于一尊的儒家思想高度兼容一致，但其起源却远远早于儒家学派，在主体文化内容早于儒家学派之前很久就已经夏商和西周时期广泛流传。这种文化内容就文本形态而言，不仅体现为历史文献和考古遗存，还表现为在历史传说中得以繁衍流传的象征性观念，它们虽然是传说，但对中国人来说，对华夏文明来说，却具有首要的文化象征和认同价值。"河洛文化"蕴含的大传统文化资源包括以下几点。

（一）华夏民族的第一文化原色——黄河之"黄"

图 3-5 黄河

资料来源：郑州市人民政府网站。

前文反复提到，郑州市域遍布各种历史文化遗迹和景观，但在这同时，我们或许应该同样关注它的自然景观，这些景观虽然是由亿万年的大自然演化而成，但在数千年里却被华夏民族注入了深厚的历史文化内涵，演变为我们民族第一文化象征和图腾，这里首先要提到的就是黄河。

郑州位于黄河中下游的分界线，水流舒缓的黄河之水，连同它的支流洛水、伊水等，滋润着广阔平坦的中原黄土地，涵养着由黄皮肤的华夏民族创造的伟大农耕文明。黄河、黄土、黄皮肤的人民，使"黄"成为中华民族数千年中最崇尚的颜色：五土之中，黄色居中；五帝之中，黄帝居首。因此，这条以"黄"命名的大河自然成为华夏文明的首要自然历史文化遗产。

（二）"中国"名称的第一来源——中岳或天地之中的"中"

图3-6 中岳嵩山，全国首批世界地质公园、重点风景名胜区、国家森林公园，华夏文明发源地之一

资料来源：郑州市人民政府网站。

郑州市域还有一处在历史文化象征意义上足可与黄河并称于世的自然景观，那就是作为中国五岳之首的中岳嵩山。时下人们知道嵩山，主要因为那里有个少林寺，之所以知道少林寺，主要是因为少林武术。这种关于"嵩山"的印象准确反映了当代传统文化的衰微和流行文化的浅薄。盖从构字之法来看，"山高为嵩"，因而嵩山自古便有"嵩高惟岳，峻极于天"的说法。但若从物理性的海拔高度来看，嵩山在五岳之中其

实仅为倒数第二,在气势姿态来看,它更是远远不及西岳华山的雄奇险峻。但正是这座难称磅礴的山体,撑起了一个巨大的"中"字:它是中岳的"中",也是中原的"中",中州的"中","天下之中"的"中",最后更是中华的"中",中国的"中"。"中国"一名由此而来。

(三) 布局天下贯通天人的第一原则——"中庸"或"中和"

中国之"中"是西周初年周公营建洛邑的基本选址理由,它奠定了周代"辨方正位""屏藩建周"的政治地理原则,以后为儒家的"外王"思想所遵循。中国之"中"还是贯通天人的本体观念,后被儒家先贤子思引申为受于天、率于性的"中庸""中和"或"时中"原则,这就是《中庸》说的:"中也者,天下之大本也;和也者,天下之达道也。致中和,天地位焉,万物育焉。""中庸""中和"遂成为儒家"内圣"理想的根据与核心。

(四) 三皇五帝传说中蕴含的第一隐喻——家国根系意识

中国农耕文明的最大特点是人们世世代代聚族而居、安土重迁,由此在漫长岁月中形成了无数"家乡一体"的共同体。所谓"家"是个"血缘亲属共同体","乡"则是"邻里熟人共同体",家乡就是这两个共同体的聚合。费孝通先生在《乡土中国》即对这种家乡共同体给予了细致生动的刻画。[1] 而与"家"和"乡"对应的记忆载体就是"谱牒"和"方志"——它们与"国史"一道,构成了中国这一"史国"的三大支柱。谱牒是一个家族传承的谱系记录,它不仅是对该家族血缘关系传递的简单录写,同时是家族道德褒贬的记载。通常,家族的谱系犹如一棵根系枝干的大树,而这正是"传统意义的传统"的基本形态。一句话,根系形态构成了中国农耕时代的传统延续的基本形象。[2]

在郑州市域,伏羲女娲、黄帝大禹等传说不仅标志着对民族国家的根系记忆,也代表着如今漂泊于世界各地的华人群体的家乡记忆。这正是今天伴随着黄帝文化的复兴,姓氏文化也大行其道的根本原因。强烈

---

[1] 参见费孝通《江村经济》,北京大学出版社2014年版;《乡土中国》,人民出版社2013年版。

[2] 参见拙文《从根系式生存到漂泊式生存》,《求是学刊》2018年第2期。

的家国根系意识是郑州市域内保留下来的重要传统文化资源。

（五）源于"河图洛书"传说东方第一经典——易经八卦

上一章简要提到，如果说"诗书礼乐易春秋"构成了儒家的核心经典"六经"，那么发源于三代的"河洛之学"的核心经典，就是产生于"河图洛书"传说的易经。关于"河图洛书"的传说在《尚书·顾命篇》《周易·系词传》《礼记·礼运》和《论语·子罕》中多次提到，表明该传说至少在春秋时期便广泛流传。"河图洛书"不仅被视为易经八卦的源头，也被视为《尚书·洪范九畴》的母本。儒家思想孔子晚年曾感慨地说："加我数年，五十以学易，可以无大过矣。"基于这个思想，易学也成为儒家学者的重要研习对象，包含7种10篇《系词传》成为儒家易学的经典，也代表了先秦易学研究的最高成就。除了儒家思想，易学对中国古代天文、古代建筑、古代音律学、古代医学、古代数学和历法、古代兵学等都产生了广泛的影响，它至今仍构成中国传统文化中最具有东方色彩的学术内容。

以上我们择其大者，对郑州市域自上古流传下来的大传统历史文化资源略作盘点。这些资源至今仍具有强大的生命力。一方面，我们这个国家正处于实现中华文明伟大复兴的重要时刻，"黄河""中岳"无疑具有堂皇正大的象征意义。而在复兴中华民族传统美德、重塑我们民族的核心价值规范时，中和观念、中庸思想无疑具有极重要的理论地位。随着中华民族在这个世界再度和平崛起，海内外华人的寻根意识和文化认同感日益提升，郑州市域内的根系文化传统发掘显然就具有极强的民族情感价值。最后需要提到的是，自南北朝以后，一次次的衣冠南渡开启了中原居民一次次的南向移民浪潮，这些通常是举族南迁的人群沿着两湖、江浙，将"河洛文化"次第传播到两广、台湾乃至东南亚，由此形成了数条线路鲜明的"河洛文化带"。对这种文化的研究，为最终实现祖国统一，加强中国大陆与亚太地区华人的联系，奠定了深厚的文化基础。

三　让郑州的水旱"线路文化"服务于"一带一路"

随着中国"一带一路"倡议的实施，随着中国大运河和丝绸之路申遗成功，河南省成为中国国内唯一具有两条"线路文化遗产"的省份。

在这个背景下，"线路文化"自然也成为郑州在农耕时代的重要文化遗产。

2014年6月，在西亚国家卡塔尔首都多哈举行的第38届世界遗产大会，中国的"大运河"与"丝绸之路"（中国、哈萨克斯坦共和国和吉尔吉斯共和国联合申报）两个项目顺利入列"世界文化遗产名录"。这两个遗产都是超大型的"线路文化"。中国大运河完全在中国境内，它由隋唐大运河、京杭大运河和浙东运河三部分组成，涉及中国8个省和直辖市，河南省入选的是回洛仓遗址和含嘉仓遗址、通济渠郑州段、通济渠商丘南关段、通济渠商丘夏邑段、卫河（永济渠）滑县—浚县段、浚县黎阳仓遗址共7个遗产点，其中郑州拥有的是大约19公里长的通济渠郑州段。

中国自大禹治水起便开启了悠久的水利传统，到春秋时期，旨在沟通不同水系的人工水道——运河——在不同地区出现，到隋唐时期，运河水系工程已极为成熟，它成为前现代时期中国主要的漕运和交通系统，是中国大型传统城市必备的交通设施。这次大运河申报成功，确认了这一传统交通方式在中国古代文明中的基础价值，为中国东方"水利社会"的说法提供了重要的实物证据。

不仅如此，作为"火车拉来的城市"，郑州没有像扬州、开封等曾经倚重运河交通的城市那样，在现代化进程中一度衰落，而是从京汉铁路和陇海铁路兴建中获得了巨大的发展机遇。1987年，当初京汉铁路在黄河上架设的第一座铁路大桥完成历史使命，2018年1月，这座黄河铁路大桥入选中国第一批工业遗产保护名录。它作为现代交通工业的遗产，与通济渠郑州段古代交通遗产相互映衬，郑州成为同时拥有农耕时代和工业化时代两个杰出的交通文化遗产的城市。

不过，在"运河线路文化遗产"被确认的同时，同时被通过的"丝绸之路"世界文化遗产中国路段的22处遗址中，没有一处遗址属于郑州与开封。毫无疑问，作为华夏文明诞生地的中原地区，在与中亚、西亚乃至欧洲的陆路交往的"丝绸之路"中，当然占有重要的地位，然而，在第38届世界遗产大会上，中国申报的路段名称是"长安—天山廊道路网"，在这个框架下，河南省仅有洛阳市范围内的四处遗存入选，而作为

10—12世纪世界最大城市的开封,这个曾经接纳了沿丝绸之路而来的犹太群体的开封,则被排除在丝绸之路这个"旱地线路文化遗产"之外,这不能不说是个遗憾。这或者由于整体申报策略的不完善,或者是由于自开封到郑州一带,与"丝绸之路"相关的"旱地线路文化遗产"早已随着近百年的野蛮开发毁灭殆尽。无论如何,在目前实施的"郑汴一体化"进程中,郑州能否与开封一道,普查抢救有关的"旱地线路文化遗产",这是一项郑州历史文化遗产保护的重要内容。

第四节 几点思考

以上,我们在不长的篇幅内对郑州市域历史文化遗产的保护状况、历史文化遗产的类型以及历史文化遗产转化为文化景观的问题进行考察。这种考察的目的不是简单盘点一个地区历史文化的家底,而是要深入思考,这样一个区域能否成为名副其实的华夏文明传承创新核心区,能否承担引领中原地区重振、弘扬华夏文明的优秀遗产的历史重任,能否承担起向世界传播华夏文明傲人成就的历史重任。在考察中我们深刻感受到,以郑州为中心的洛阳、开封一带地区确实是中华文明孕育和成形的母体,这里确实是中国古老农耕文明的中心,这里保存着丰富的古老中华政治文明、文献文明、器物文明和传说文明的实物证据。

然而,在对郑州进行实地考察和阅读巨量的相关资料过程中,我们也看到,近现代以来铁路交通业、轻重工业和超大型都市的高速发展,1949年以前该地区经历的多次大规模战争,新中国成立以后该地区经过的历次政治运动,再加上40年来大范围的乡村建设以及文化景观开发所带来的"建设性破坏",这块华夏文明发祥地上的历史文化遗产、古老城乡建筑群或建筑空间遭到了前所未有的毁弃。驰骋在市内的高速公路,不时可看到四周排列着瘢痕累累的开山工地。由此带来的最具反讽意味的局面是,在这片中国文化的发祥地,分布着许多村办水平的"假大空仿古文化空间",来到这个区域,人们难以获得进入历史深处的安详沉静感,感到的多是一种似曾相识的俗气。

郑州历史文化资源的发掘和保护尚有大量的事情要做。这里姑且提出几点粗浅的建议。

第一，郑州是中国中部的国家中心城市，是中原地区的区域中心城市，正是依据该市的这种交通和经济功能，它同样被确定为中原地区的华夏文明传承创新核心区。这个"核心区"概念固然赋予郑州以区域历史文化叙事主体的身份，但它却隔断了郑州历史文化资源与洛阳、开封这两座曾经长期成为区域历史叙事主体的中心城市的文脉联系，造成郑州历史叙事与中原区域历史叙事的错乱。为此，建议在河南省在将郑州、洛阳和开封三市共同列为"中原文化或华夏文明传承创新核心区"，这将有利于衔接该区域的历史叙事，改变以经济或行政地位来干预历史文化叙事的情况。

第二，将郑州、洛阳、开封同时确认为华夏文明传承创新核心区，还有利于整体协调区域内历史文化遗存的普查和抢救，并且避免一些景观重复建设。譬如，洛阳郑州两地都有"河图洛书"景观、伏羲演八卦景观、中华姓氏园景观等。在如此狭小的地区存在这么多主题重复的景观，反倒会给游客留下历史文化贫瘠的印象。

第三，郑州历史文化叙事、历史景观建设应当尽量动员本地学者与国内外学者共同进行，在相关研究和著述中强调实事求是地历史研究态度，避免基于"地方中心主义史学"意识的断言和结论。

第四，郑州地区学者应与洛阳、开封两地学者一道，继续推进"河洛文化"的研究，并与海峡两岸学者、海外华人学者一道，将"河洛文化"研究推向世界。

第 四 章

返本开新:现代化进程中 郑州文化的历史建构

郑州地处中原,被称为九州之中、十省通衢,西依嵩山,北临黄河,雄峙中原,控御险要,为历代兵家必争之地。郑州地理位置优越、自然条件良好、矿藏资源丰富,从而成为远古中原人类的聚居地,并随历史的发展,逐渐形成了独具规模和特色的经济和文化中心,历史上曾是五朝古都、八朝州府。

根据考古证实,早在8000多年前,郑州地区就有人类活动的痕迹。"裴李岗文化"遗址的发掘成果表明,新石器时代早期,郑州地区已经具有相当的人口数量,发展到新石器时代中晚期,该地区的原始村落已经初具规模,以大河村遗址、青台遗址等为代表的20多处史前文化遗存就是很好的佐证。[1]

经过原始社会发展到有史记载,郑州已经成为中原发展最为迅速的地区。在夏、商两时期,郑州地区已经成为两朝统治的中心。现位于郑州市区中心的商代城池遗址曾是中国早期大规模城市的代表,距今已有3600多年,从各项考古发现来看,它很可能是当时商朝的政治、经济和文化中心,它代表了中国奴隶制王朝历时长达300余年的一个昌盛时期。

随着商王朝政权的被推翻,当时中原的政治中心逐渐向西转移,但郑州作为商朝的旧都仍然受到周朝的重视。周武王把郑州分封给管叔管

---

[1] 王旭升、董桂萍、毛卉:《郑州城市发展历程与特点分析》,《地域研究与开发》2005年第12期。

理，历称管国。春秋战国时期，郑国和韩国先后把政治和经济中心向东移回郑州，并在现今的新郑建都。

秦朝统一六国后，废弃商都故城，设立三川郡于郑州境内。秦末汉初，群雄逐鹿中原，郑州地处军事交通要地而成为兵家必争之地。楚汉之争的遗址——鸿沟中分天下至今犹存。

公元583年，隋朝实行州、县二级制，将当时的荥阳改名郑州，这也是此地第一次以"郑州"之名出现在史册上，并延续至今。在随后的唐、宋时期，被隋朝巩固的郑州连接了东都洛阳和宋都汴梁，成为漕运交通发展和州治所在，进而再次成为中原地区重要的政治中心和交通枢纽与物资交流中心。由于其独特的政治和经济作用，促进了郑州的商业、手工业，尤其是文化的发展，但这也是郑州在中国古代历史上的最后一次繁荣。

明清时期，郑州部分地区生态环境恶化严重，草木植被大量减少，水土流失加剧，田地不断沙碱化、黄河不时决溢，各种灾害不断肆虐。水患曾经是郑州历史上最大的自然灾害之一，明清时期尤为严重。它不仅吞噬了无数人口，冲毁大量良田，淹没大批城池和村庄，而且加剧了社会阶级矛盾，成为社会不稳定的重要因素。据文献记载，明清时期的543年间，郑州地区共发生水灾140次，平均不到4年就有一次。乾隆初年，黄河、贾鲁河、栾河、郑河等河流不时侵溢，据清代毛汝洗记载，郑州地区近水一带数十里，"枵腹枯据，衣食无措，或逋赋征比，呼吁无口"。老百姓生活苦不堪言。

清朝时期，中原地区战争相对减少，从而促进了人口的增长，但由于北宋之后，随着中国经济重心南移，中原地区漕运交通衰落，再加上兵燹灾荒连绵不断，中原地区在全国的文化地位逐步衰落。其间郑州曾两次升为直隶州，但州级建制存在时间较短，很快被撤废，重新回复到县级建制。到了清朝末期，郑州已经降仅为一个人口不足2万、城区面积仅2.23平方公里的小县城。

到了民国末年，据单远慕著《中原文化志》，河南的文盲数量居然达到了85%。而郑州地处中原腹地，自然不能逃脱文化衰落的命运。而郑州，这个在中国历史上曾经创造过灿烂文明，写下过辉煌篇章的城市，如何摆脱旧戾，开拓新生，则是时代和历史的共同命题。

第一节 1904—1954年：传统与现代的遭遇

城市变迁是多重因素作用下的结果，固然历史上不同阶段都会有不同的原因主导着一个城市的变迁，但交通作为一个客观原因却一直影响着城市的变迁。中国古代大多数城市的繁荣都与交通的便利、路线的四通八达有着密切的关系。蒸汽机发明以来，一个城市的繁荣与否取决于它是否处于交通要道上，尤其铁路作为一种新型的交通运输方式，对中国城市的变迁造成了深刻的影响。

一 铁路造就现代郑州

图 4-1 郑州火车站
资料来源：郑州市人民政府网站。

由于郑州没有大型的水道航运，加之陆地上劳马疲惫，距离经济重心区和政治中心的局面得不到改善，从而大大阻碍了其近代的发展。

然而，随着1904年京汉铁路郑州车站的建成，郑州至汉口段正式通车，1910年，汴洛铁路全线通车运营，郑州成为现代意义上的交通枢纽。此后，京汉干线铁路和陇海干线铁路扩建通车，郑州成为整个中原乃至中国连接东南西北的交汇点和直隶及华北、华南、西北区域之间经济交流的重要枢纽。

京汉铁路最初设计时并非首先郑州,而是打算途经开封,但由于开封地处黄河泛滥区,在此施工造价高、难度大,建成后的风险也不可控。所以经多次勘察,最终还是将黄河铁路桥的建造点向西移至"南北两岸从未泛滥、河道从未更改"的荥泽口附近。① 京汉铁路由此过境郑州,郑州也险些与铁路枢纽失之交臂。

不过,看似失之交臂的郑州铁路建设也实属必须。早在清朝张之洞的筑路奏折中,他就在设计京汉铁路的具体线路时,考虑了跨越黄河的筑桥选址。他指出要在荥泽口以上,在黄河上游滩窄、岸坚、经流不改的地方筑桥过河。因为张之洞考虑了开封一带的黄河是有名的悬河,戏称"豆腐腰",如果从此处筑桥过河,一方面筑桥资金投资大,另一方面建成后的风险也是不可预估的。从张之洞设计的这个方案可以看出,他把黄河桥的选址作为修建京汉铁路的重要的环节。大约在当时的技术和资金条件下,他也只能做出这样的思考。历史人物的初衷早已不再重要,郑州却以此获得契机,实现了华丽转身,以全新面貌登上历史舞台,再次处于全国人民的聚光灯下。

二 从小农经济到工商业的大发展

近代中国铁路与工商业发展存在紧密的互动关系。商品的生产、交换、流通与分配在一定程度上正是建立在高速的铁路运输基础上,这是大工业化时代以前不可比拟的。铁路交通可以使各地工业所需的生产资源和生产工具可以大规模的、更快速度流通于广阔的铁路沿线上,从而刺激了工业的持续发展。也就是说,有了铁路大批量、长距离的运输能力,使得较大规模的物资交易及商业贸易成为可能。② 换句话说,铁路的发展把郑州带进了现代化建设中,带动了郑州工商业的发展进程。

---

① 张玲:《铁路与郑州城市地理变迁(1904—1954)》,天津师范大学,硕士论文,2014年。

② 卢帅:《铁路运输与近代郑州工商业发展关系研究(1908—1948)》,郑州大学,硕士论文,2012年。

可以说，在甲午战争后，铁路就被全国的先进人士看成致富强国的工具。在此背景下，京汉铁路与汴洛铁路的相继开通，证明了高速的交通运输带来的不仅是财富，还有文化和自信。郑州作为中国两大铁路航线的交会地，也在逐步地享受着由此带来的高速发展，郑州也由此成为铁路枢纽型城市的典型代表。1908年和1920年，郑州两次自开商埠，其"轨道衔接，商民辐辏，财赋荟萃"的局面基本形成，在当时甚至获取了小上海、小汉口甚至中国芝加哥的称呼。

铁路建成开启了现代意义上郑州的机器化工业。从20世纪初到新中国成立前叶，诸多大型机械化工厂如雨后春笋般出现在郑州这片古老的中原土地上。具有代表性的平汉路机务修理厂、电修理厂等几家铁路工厂构成了郑州工业化的主体；明远电厂，豫丰纱厂，以切面机、弹花机等为主要产品的几家铁工厂为郑州提供了大量工作岗位[1]；此外尚有制皂、面粉、蛋品、皮革、卷烟、织布等行业已成了郑州轻工业的代表。

与上述重工业、轻工业等第二产业相比，在铁路开通后的郑州商业则更形繁盛。虽然19世纪末的郑州已经衰落成为一座商业凋敝的小县城，仅在西大街、大什字一带有几家小店铺，但随着京汉铁路与汴洛铁路在郑州的交会，其地理要冲位置再次凸显出来。郑州不仅成为汉口、天津商圈的分水岭，更是充当着进入中国西北的东大门，商业兴盛繁荣随处可见。虽然最初各类商贩大多会集于火车站周边，但随着人流的扩大和商品市场的规模地剧增，商贸活动也逐渐扩展到除火车站外更大的区域。随着郑州辟为商埠，从火车站到旧城区的商业街逐级成型，商业把郑州的大街小巷基本连成一片。由于交通的便利，"郑州很快成为中原地区大宗土特产品的集散地，交易量较大的主要有棉花、粮食、油料、中药材、皮毛等农副土特产品"，以及京、津、沪、汉等地商人运销内地的轻工产品和各种洋货。这一时期，最先发展起来的是以棉花贸易为主的行栈业。

综上所言，清末民初的郑州还仅是个闭塞落后的小县城，并不具备

---

[1] 李杰：《近代郑州市民物质生活变迁研究（1908—1948）》，郑州大学，硕士论文，2011年。

近代城市的雏形。但随着京汉和陇海两条中国东西南北的铁路在郑州交会,为郑州迎来了新的发展契机,为郑埠的开辟创造了条件。事实证明,在郑州被开辟为商埠后,其"商业地位得到一定程度上的肯定,继而将其作为商业性质城市的发展目标逐渐明确"[①]。

铁路在郑州的发展当中具有举足轻重的地位。铁路通畅、工商业兴盛之时,郑州市场繁,物价稳定,食物及服装等供应较充裕。反之,当铁路交通不畅之时,郑州的工商业必然衰落之际,由此郑州的地位也必大打折扣,市面萧条、对外交流阻塞、物资供应不足的局面必然出现,随之造成的是广大市民日为生活所累,饭饱衣暖也就难满足。

三 人口迁移及社会文化变迁

构成城市发展的另一个重要因素是人口的变化,以之更深层面的文化的变迁。具体来说,一个城市人口总量的多寡,人口素质的高低,社会阶层的繁简,职业种类的多少,都潜在地影响着一个城市的发展。多元化的结构成为现代城市发展的标志之一。也就是说,一个城市人口总数越多,来自不同地区的人口越多,社会阶级越复杂,行业职业越丰富,影响其物质生活和精神生活的程度就越大。虽然近代的上海、天津等都市被殖民地痕迹很深,但从另一个侧面不无说明多元化给城市带来的生机。郑州作为一个古时繁荣、近时衰败,但随着铁路交通发达后又再次兴起的城市,虽不能与以上通商大埠相较,但"与周边城市及自己的昔日光景比较,其在人口集散、市民阶层分别、职业分野等方面的变化堪称巨大"。

通过对比我们可以看到,20世纪初的郑州是一个没落的、百废待兴的小县城,城区人口不足万余人,社会层级上基本保持着士、农、工、商的模型。但随着铁路的开通,人口流动性的增加,郑州整个城市发生着显著的变化,空间扩容,人口集成为郑州一段时期发展的主流。从20世纪初到1936年,郑州市区人口发展到13万人,虽然抗战时期遭受战乱

---

① 杨菲:《郑州城市规划与市政建设的历史考察(1908—1954)》,郑州大学,硕士论文,2011年。

及饥荒的压迫，人口有所消散，但抗战胜利后人口又迅速集聚，据统计，1948年郑州市区人口已达16.4万人。这些新增的市民，"来自不同的地域，分属不同的阶层，从事不同的职业，有着不同的收入，过着贫富各异的生活"，同时也保有着不同的生活方式和价值观念。

人口的增多和人员流动的加快，已经逐步改变了近代郑州的社会结构，由此也产生了许多新的社会阶层，其中最突出的是工人阶层的异军突起。具体表现在由产业工人、铁路工人、雇佣工人及商界底层服务人员为代表的工人阶层出现。"1936年出版的《河南统计月报》显示，1935年郑州（当时为郑县）全县人口329269人（包括市区及农村人口），其中劳工阶层占主体的工、商、交通运输三大职业的从业人口达85924人。"学者们称这个时期为近代郑州第一次大移民，主体是铁路与纺织两支工人队伍先后在郑州集结。铁路员工8000余人，纺织工4000余人，连同他们的家属近3万人，将郑州的市区面积和人口各扩充了1倍。

可以说，一旦某地开始铁路建设，铁轨就会不断延伸，它绝对不会止于一地一区，势必要连贯成一个跨地区乃至跨国界的交通网络，而且速度也会越来越快。铁路因此非常突出地体现了工业革命对技术、资本对利润永无止境的要求，体现了流动性日益增长的推动力，进而促成了一种整体社会氛围在不断走向进步与文明的激情与兴奋。

在观察铁路与近代中国的社会文化变迁的紧密联系方面，有学者指出，"铁路在近代中国的出现和延伸，加速了新文化的传播以及旧文化的革新，促进了社会文化变迁"。社会文化作为深层的社会变迁因素，主要表现在人们的生活从以前的封闭和低效向着开放和快速转变，消费观念也有单一化向着多元化转变，社会关系将逐步复杂化，平等观念将逐步加强，社会习俗向着文明转变，等等。铁路的发展虽然具有很强的客观性，并没有把中国迅速带入文明发达的社会，但它给中国带来了工业化的发展方向，间接地推动了传统社会文化的转型，也就间接地推动了中国的现代化文明进程。

铁路的发展推动了工商业的兴盛，进而使得大量新事物和新观念涌入郑州，重视教育兴学，积极培塑市民进步思想观念也渐渐成为城市发展的另一条主线。近代郑州市民在此发展背景下，具有一些现代意义的思想观念,这里值得一提的是近代郑州市民进步爱国思想的培育。近代中国风云激荡,全国的有识之士都在通过自己的行动表达着爱国主义思想,郑州市民皆不同程度地参入其中。据《郑州个人运动史》记载,1915年反对"二十一条"、1919年"五四运动"、1925年"五三运动"、抗日战争时期及1935年"一·二九运动"等,郑州市民都参与其中,有组织地集会游行、抵制外货、成立各种后援会、救国会等方式表达了爱国热情。

但是,我们也应该看到,由于遭受长期的封建统治和思想钳制,交通虽逐渐发达但消息闭塞落后,从整体上看,近代郑州市民思想依然偏于保守陈旧。据《豫北民众是怎样武装起来的——郑州战地散记之一》记载,抗战全面爆发后,日本敌机因长期未轰炸郑州,在汉奸的流言散布之下,有些市民认为是因为神仙显灵,从而让日本敌机飞行员无法看到下面的郑州城。

图 4-2　郑州交通

资料来源:郑州市人民政府网站。

四　"二七名城"与红色文化遗产

作为铁路行业的重要组成部分,铁路工会在随着中国铁路兴起的同时也相继成立。由于郑州是京汉、陇海两大铁路干线的交通枢纽，因此聚集了大批铁路工人。这些工人构成了中国共产党坚强的革命队伍。革命前驱李大钊在1920年视察完郑州后，决定开办"京汉路郑州铁路职工学校"向思想先进的郑州铁路工人传播马克思主义基本知识，启发工人的阶级觉悟。京汉铁路工人总工会于1923年2月4日在郑州普乐园（现在的郑州二七纪念堂）成立，并以公开、合法的形式成功召开了一次会议。但是会后，工人代表就遭受了军阀的封锁与禁锢。随后，总工会立即召开紧急会议，做出斗争决策，决定在京汉铁路举行总同盟罢工，由此，郑州成为京汉铁路工人大罢工历史事件的策源地。① 大罢工运动持续到2月7日，这期间军阀对罢工工人进行血腥镇压。导致了震惊中外的"二七惨案"。

新中国成立后，郑州人民为纪念在"二七惨案"中牺牲的烈士，将长春路更名"二七路"，并在整修道路时，把长春桥旧址扩建为"二七广场"，以示不忘历史追怀先烈。20世纪70年代，郑州市重新修建了"二七塔"，双星并联式双塔成为全国唯一的钢筋混凝土结构的塔式建筑。修建后的"二七塔"作为郑州市城市的标志性建筑，成为中外宾客莅郑观光的必游之地。

在郑州发起的"二七工人运动"成了20世纪郑州历史上一个光辉而悲壮的顶点。作为纪念这次伟大工人运动的纪念塔，"二七塔"成为京汉铁路工人大罢工纪念性建筑，2006年成为国务院公布的全国重点文物保护单位中最年轻的国保单位。"二七塔"代表了郑州近代发展史上浓墨重彩的一段历史，并作为郑州城市的地标，以崭新的姿态再次走入人们的视野，也通过那段历史赋予了郑州"二七名城"的称号。

第二节 1954—1978年：迈向区域政治经济文化中心

时间拉回到60多年前。

---

① 张晓兰、张超：《红色文化与红色旅游——关于打造郑州市"二七"主题文化景观街区的设想》，《红色文化论坛论文集》，2012年。

河南省人民政府委员会第十三次会议暨省协商委员会常驻委员会第十次联席会议在开封联合召开，会议决定将省会迁往郑州市。随后，河南省人民政府向中央人民政府政务院和中南军政委员会呈文请求。时隔一个月，中央人民政府政务院复函中南军政委员会，同意河南省会迁至郑州市。省会移址由此开始。

经过两年的艰辛准备，迁址工作于1954年10月基本完成。从此，郑州取代开封，成为河南省政治、经济、文化中心。

一　省会迁郑：历史的偶然还是必然？

据《开封市志》记载，自元代至中华人民共和国成立之初，开封一直被定为河南省省会，是中原地区的政治、经济、文化中心。在决定省会迁郑之前，即使郑州有铁路交会之便，有两次开埠之利，但经济发展及人口总量上仍不及发展相对成熟的开封。

最终河南省会仍然迁郑，影响了郑州和开封两座城市的命运。这背后的原因，既有经济的也有政治的，既有地理环境因素也有交通便利因素。

首先是交通因素。当时京汉铁路拐了个弯经过当时没落的郑县，而绕过了开封和洛阳，是近代郑州乃至中原城市格局改变的开始。京汉铁路在规划时面临的最主要的困难是从如何过黄河。当时曾选择了开封、郑州、洛阳、孟津4个地点。因为技术与成本的考虑，铁路要尽量少钻隧道。由此洛阳和孟津被排除。而开封一带的黄河被称为黄河的"豆腐腰"，是著名的悬河，选择开封建桥，不但投资大风险也大。因此，滩窄岸坚的郑州北邙山脉尽头就成了修建黄河大桥的不二选择。

其次是位置适中。郑州处于豫西、豫东、豫北、豫南的交界之处，再加上铁路开通后，河南除了个别城市，几乎都在铁路沿线。而京汉、陇海铁路交会郑州，更凸显了郑州位置适中的优势。

当然，还有非常关键的经济因素。郑州已经被确定为国家重要工业基地和重点建设城市，再加上郑州周围有丰富的棉花和矿产资源，郑州的发展前景一片光明。

或许，我们可以从一份迁郑报告里面得到最终答案。1952年8月，河南省人民政府在呈交中央政务院及中南军政委员会关于省府迁郑的报告中写道："我省省会原于开封，鉴于位置偏于全省东部，指导全省工作，多方不便；郑州市则为中原交通中枢，为全省经济中心，将来发展前途尤大，如省会迁往该市，则对全省工作指导及上下联系均甚便利，对该市发展也大有裨益。"①

二 "郑"式崛起：郑州迎来新的发展机遇

如果说 20 世纪初京汉、陇海铁路交会于郑给郑州带来了发展和崛起的一个历史性机遇，那么 1954 年省会迁郑无疑给郑州带来了又一个重要的机遇，且这次机遇更加深远，更具有决定性意义。②

1948 年 10 月，郑州解放，尽管当时郑州工业基础薄弱，但借助交通、矿产的优势，逐步医治战争创伤，恢复工业生产，争取外埠工业内迁，郑州工业发展异常迅速。在当时的郑州市政府工作报告中，提到了郑州内迁的 6 个重点工业：第一是纺纱染织厂、发电厂（当时无锡新毅纱厂已迁来）；第二是建筑公司（上海迁来建筑公司）；第三是打蛋厂、造纸厂；第四是卷烟厂（当年年底上海华菲烟厂迁郑）；第五是面粉厂；第六是火柴厂、榨油厂等。③

1953 年，中国进入大规模的经济建设时期，国家将郑州定为河南省唯一"重点建设城市"，对郑州建设的投资开始大规模增加，工业建设大规模展开，仅 1953 年一年投资就比前 4 年投资总和大 3 倍；1954 年的投资又比 1953 年多 55.5%。这其中，以纺织工业的发展最为迅速。5 个棉纺厂、郑纺机等 60 多家以轻工业为主的大中型骨干企业，在郑州投资兴建、改造以及扩建。这使得当时的郑州成为中南地区最大的纺织工业城市。紧接着，国家又批准兴建了 47 家以重工业为主的大中型骨干企业，形成了之后发展重工业和机械工业的基础。同时，基于郑州市的铁路枢

---

① 《省政府关于省府迁郑的报告（1952 年 8 月 5 日）》，河南省档案馆：卷宗号 J078，第 700 卷。
② 谢晓鹏：《1954 年河南省会由汴迁郑的历史考察》，《当代中国史研究》2011 年第 11 期。
③ 王秋欣：《河南省会迁郑州 60 年：两个人改变了郑州命运》，《东方今报》2014 年 9 月 19 日。

纽地位，郑州铁路局和全国最大的铁路编组站设立，数万铁路职工进驻郑州。

随着1954年省会迁郑，河南省党、政、军、群等省级机关由开封迁郑，仅"一五"期间以省直机关单位办公人员及家属为主就增加城市人口达19万人。省会迁入增加了郑州城市发展的动力，围绕省会功能和为省政府机关服务，郑州市进行了大量文化、公共设施配套建设。高等院校、文化、体育、医疗等多项省级大型公共设施相继建成。

经过一系列马不停蹄的发展，郑州市奠定了现代工业的基础和省会与交通枢纽城市基本功能，城区面积扩至71平方公里，市区人口达到67.3万人，郑州跨入大城市行列。诚如郑州市有关领导于1954年11月在《河南日报》发文指出的那样，省会迁郑后，郑州成为全省政治、经济、文化中心和交通枢纽。

三 旧城新颜：郑州市文化中心的建设与发展

随着郑州工业发展及省会迁郑，为了更好地承担起中原地区文化中心的担子，郑州市高度重视城市文化设施和科教文卫等项事业，不断加大投入力度，取得了突飞猛进的发展。

在文化基础设施方面，随着城市建设步伐的加快而得到飞速发展。据《郑州市志》记载，到了20世纪80年代，郑州市图书馆藏书已达70余万册，馆舍面积2500平方米，加入市馆协作网的基层图书馆（室）达300多个。河南省图书馆亦随省会迁郑于1954年搬迁至郑州，并于1953年新修建了郑州市图书馆。1961年，成立于1927年的河南省博物馆馆址由开封迁至郑州，之前已陆续筹建了郑州市文物陈列馆（1965年更名为郑州博物馆）、河南工业展览馆、河南省地质博物馆等。

城市社会的发展与高等教育的未来有着骨肉相连的密切联系。省会迁郑之前，郑州尚且没有一所综合性大学，1956年国务院批准成立郑州大学，这一局面有了根本改观。除了这所综合性大学，还有不少从外地、外省整体搬迁到郑州的高校。据《郑州市教育志》记载："1958年，郑州电力学校、郑州畜牧兽医学校、郑州煤田地质学校、郑州水利学校、郑州机器制造学校、郑州建筑工程学校、郑州铁路运输学校7所中专升格为大专院校。同时，新成立了郑州铁路学院、郑州医学专科学校、郑州铁路医学专科学校和郑州农业机械化专科学校。"不过，这种超速发展而来的学校教育也产生了很多问题，导致办学教学质量得不到保证。这些学校后来有的被重新降格为中专院校，有的直接被撤停。经过几年调整、压缩后，郑州的高等院校稳定在6所。

第三节 1978—2000年：改革开放助力郑州经济文化快速升级

一 郑州起航：改革开放为郑州带来发展的春天

党的十一届三中全会以后，中国调整了国家工作的重心，转移到以经济建设为重心的改革开放上来。郑州市在全国大发展的大好形势下，迅速纠正了"文化大革命"的错误，及时进行工作重点的转移，全心全意谋发展，步入郑州历史上思想最解放、城乡发展速度最快、城市面貌变化最大、经济文化社会空前繁荣的社会主义现代化建设新时期。

1983年，国家决定实行市带县的新体制，把原属于开封地区的中牟、新郑、密县、巩县、登封五县划归郑州市管辖，自此，郑州市域面积扩展到7446平方公里，总人口达474万。这一决策对郑州市的综合发展及中心地位的进一步巩固都奠定了良好基础。1988年，河南省委省政府批准设立郑州经济技术开发区，1991年国务院批准该区为国家级高新技术产业开发区；1992年国务院批准郑州市为内陆开放城市；1994年，国务院批准了《郑州市综合配套改革试点方案》；1997年，国家五部委批准郑州为全国商贸中心试点城市。这一系列的措施为郑州市的跨越式发展注入了强大动力，带来了长远影响。

其间，郑州市的城市建设也得到了补偿性质的快速发展。新修建了很多文化、体育、教育等基础设施，科技、教育、文化等事业有了大幅度发展。据《郑州市志》记载，到1990年，全市县以上独立自然科学研究机构有109个，专业技术人员3.75万人。全市共有各类各级学校2967所，其中普通高等院校19所，成人高等学校32所，中等专（职）业学校、技工学校156所，中小学2816所，全市在校学生84.35万人，其中中小学在校学生74.51万人，专任教师5.94万人。全市正式报刊出版单位140多家，广播电台、电视台22座。各类图书馆79个，藏书量1000万余册。值得一提的是，1993年，郑州市被国家确定为历史文化名城，从1991年开始成功举办中国郑州国际少林武术节。

二　郑州商战：从古代商都到现代化商贸城

1991年年底，中央电视台播出六集专题片《商战》，聚焦当时以郑州二七广场为中心，以亚细亚商场等6个大型现代商场为代表展开的激烈的商战，赋予了郑州商战以全国层面的意义，诚如《商战》所言：郑州商战，战出了郑州商业的一片新天地，更在郑州闭塞落后的形象上涂上了一抹引人注目的色彩。郑州商业的一举一动都引起全国同行的密切关注，全国28个省区百余个城市的商业人士络绎不绝挺进中原，到郑州参观讨教，一时出现了"东西南北中商界群雄逐鹿中原"的壮观场面。

郑州"商都"的形象，再次曝光于世人面前。在郑州市城南路北侧，矗立着一段高大坚实的夯土城墙，此处正是3600年前商王朝灭夏之后的开国之地，即商王朝开国之君商汤所立国都。而今，"商都"已经赋予了新的内涵，经过改革开放以来的10多年发展，郑州已经愈来愈清晰地把建设成为社会主义现代化的商贸城市作为奋斗目标，郑州的城市性质和主导功能也进一步明确。

其实，郑州与"商"有着不解之缘。中国第一部商业法典《质誓》，就诞生于春秋时期的郑国（今新郑），主要内容是只要不损害国家利益，国家不干涉你的经营。可以说2800年前郑州人就知道利用"商"的力量。

在中国近代，郑州甚至被一位日本经济学者林重次郎在其著作《河南省郑州商情》中赋予"中国的芝加哥"的称号，郑州也于1908年和1922年两次被开辟为"商埠"。1905年，河南巡抚陈夔龙巡视郑州时，看到铁路大同路、德化街、老坟岗一带十分繁华，就上报清廷开郑州商埠。1908年11月30日获得批准。1922年，当时的北洋政府正式下文将郑县开辟为商埠，在郑县设立商埠督办公署。10多年间，郑州两次被批准开商埠，掀开了郑州商业史上新的篇章。

第四章　返本开新：现代化进程中郑州文化的历史建构　/　81

中华人民共和国成立以来，郑州则随中国不同的发展阶段有着鲜明时代印记的别称。如纺织城、铝城、轻纺城等。进入20世纪90年代，郑州作为纺织工业中心、铝工业中心的技术使命基本完成，随着人们对城市发展规律和特点认识的不断深化，以及对郑州城市性质的深入探讨，最后形成了把郑州建设成为商贸城的总体方案。

从最早的"商朝都城"到现代的"商贸城市"，郑州一路走来，但"商"的印记却从未磨灭、越发鲜明，这个印记也在不断定义着郑州的城市品格和文化特性。

当然，在郑州如火如荼的商贸城建设中，既有辉煌的经验，也有深刻的教训，而教训往往比经验来得更加深刻。比如，商贸城的初期建设，是被盖楼圈地的激情所牵引还是按照科学的规划执行；在购买力和人流量基本恒定的情况下，不断冒出新商场的拥挤的"二七商圈"是否必然衰落；在工业力量相对薄弱、几乎没有叫得响的工业品牌的城市，是否能超前发展商贸产业。

图4-3　郑东新区

资料来源：郑东新区网站。

三 "少年老城": 新兴城市与历史文化名城的交汇

1991年,郑州获批国家级的历史文化名城。这个称号的获得,既是郑州的骄傲,也是郑州的机遇。13年后,郑州又进入古都行列,被称为中国"第八大古都",这更增加了郑州的文化底蕴和历史厚重感。

同时,这些称号的获得也引来一些质疑的声音:感性的人问,郑州的古城韵味在哪里?理性的人问,郑州是火车拉来的城市,是新兴城市,它的历史在哪里?

有学者总结指出,郑州的历史是现代考古学兴起后重新发现的结果,而不是城市发展过程中历史记忆自然传承的产物。我们考察其他的古都,大多有标志性的历史事件和活灵活现的人物故事,西安有《长恨歌》、大明宫;开封有《清明上河图》;北京有恢宏的紫禁城。而郑州的历史,大多是中华人民共和国成立后才逐渐被发现,而且很多都集中在人类起源阶段、文明起源阶段、城市起源阶段,这个阶段均在五六千年前,尚无史料记载。

在郑州市的城南路,有一段光秃秃的城墙,这是考古工作者经过发掘才确定其为商代前期始建、战国至汉代有修补和改建的商朝都城的城墙。这是一段3600年前的城墙,到现在为止,它始终是这个城市的中心,这是世界城市发展史上的孤例。这里还有宫殿、普通建筑、城垣、道路、窖藏、墓葬等无从挖掘,静静地躺在历史深处,一般人又何从知晓?

在很多人心目中,郑州就像一个懵懵懂懂的"少年"。但是,经过切实的考古挖掘考证,郑州是一个有着3600年历史的不折不扣的"老城",正所谓"少年老城"。

正是因为这个特点,注定了郑州很难单以历史文化名城作为主导功能,同开封、曲阜等历史文化名城相比,有着相当大的差距,难以仅仅依靠历史文化就使经济有较大发展。因此,郑州需要充分利用各种资源和机遇,将优势叠加,形成多种城市主导功能相互协调、共同发展的局面。将历史文化名城作为城市主导功能之一,与其他功能相互刺激,焕发出新的活力和效益。

四 少林文化：郑州打造文化品牌的成功案例

图4-4 少林寺，位于登封市区西12公里处，建于北魏太和十九年，全国首批5A级景区，世界文化遗产，是享誉世界的禅宗祖庭和少林功夫发源地

资料来源：登封市人民政府网站。

少林寺位于郑州市西南，创建于北魏太和十九年（495年），孝文帝为安顿印度僧人跋陀，在与当时都城洛阳相望的嵩山少室山北麓敕建少林寺，因其坐落于少室山密林之中，故名"少林寺"。北魏孝昌三年（527年），释迦牟尼的第二十八代佛徒菩提达摩历时三年到达少林寺，首传禅宗，因此，少林寺被世界佛教统称为"禅宗祖庭"。隋朝末年，朝廷失政，天下大乱，为了保护庞大寺产，少林寺僧人组织起武装力量与山贼官兵作战，少林功夫初步形成。唐武德四年（621年），少林寺昙宗等十三位僧人，擒拿军阀王仁则，夺取辕州城，归顺了秦王李世民。少林寺自此以武勇闻名于世，少林习武蔚然成风，少林功夫代代相传。

图4-5　禅宗少林·音乐大典

资料来源：登封市人民政府网站。

少林文化作为依托少林寺这一特定空间而形成的一种文化现象，它本质上属于佛教禅宗思想，同时融合了中国传统儒道文化，以少林功夫为传播载体，以少林医学为济世途径的中华传统文化体系。少林文化主要包括禅、武、医三部分，同时包含丰富多彩的建筑、碑刻、壁画等艺术文化。历史上，少林文化随着佛教兴衰和少林寺兴废经历了多次起伏。20世纪80年代以来，借助现代传播手段，少林文化得以再次振兴，并逐步走向繁荣。而郑州也借助少林文化的巨大国际影响力，利用其成功打造城市文化品牌，传播郑州城市形象。

尽管少林寺已经有了1500多年的传承历史，但是少林寺真正称为一个文化品牌，则是20世纪80年代以来的事情。首先，1982年电影《少林寺》的全球热映，使得少林寺迅速名扬中外。人们一提起少林寺就想到"日出嵩山坳，晨钟惊飞鸟，林间小溪水潺潺，坡上青青草"，嵩山、古刹、武僧与这种意境融为一体。少林寺完成了由寺院向文化的转化。其次，1991年，郑州创办中国郑州国际少林武术节，并成功举办了11届，来自世界70多个国家和地区的上万名运动员参加了这一武术盛会。如今的郑州国际少林武术节已经成为一个集武术、旅游、文化交流于一体，弘扬中华武术文化，郑州最具竞争力的文化展示和传播的平台之一。少林文化日益成为郑州对外的一个窗口和名片，全世界认识郑州很多就是从认识少林功夫开始的。再次，打造《禅宗少林·音乐大典》大型实景演出。《禅宗少林·音乐大典》以少林功夫为主体，融合音乐、舞蹈等元素，规模宏大、音画一体，是中国实景演出的经典之作和中原文化旅游的扛鼎之作。演出自2007年公演以来，已累计接待包括世界各国元首、社会各界名人在内的国内外游客200多万人。

郑州与少林文化的互动，则是一个互相促进、互相成就的过程，是郑州市打造文化品牌的一个成功案例，也是郑州市自我营销、自我传播的成功典范。通过"少林寺—少林文化—少林文化产业—少林文化产业周边资源开发"的整个过程建构，郑州市与少林文化获得了共同发展、共同繁荣。

第四节 2000—2018年：21世纪郑州文化发展面临新机遇

一 攀登"塔尖"：从商贸城到区域中心到国家中心城市

国家中心城市，国家城镇体系的"塔尖"，在国家战略布局中肩负国家使命、代表国家形象、引领区域发展。2016年12月，国家发展与改革委员会（以下简称"国家发改委"）印发《促进中部地区崛起"十三五"规划》，确定了郑州和武汉两个中部大城市建设国家中心城市的发展目标规划。以此为标志，郑州建设国家中心城市的议题开始进入公众视野，经历各种苦难与和辉煌的郑州，将正式向建设中原地区乃至全国的"塔尖"城市攀登。

其实，自改革开放以来，郑州的发展经历过几个不平凡的阶段，随着时代变迁，每个阶段都被赋予不同定位，也反映了不同阶段的特点。总体来说，郑州的发展正是在不断摸索中稳步前进，其发展定位和发展模式也逐步趋于完善和成熟。

20世纪80年代末，郑州市提出建设商贸中心城市，1997年正式被国家确立为商贸中心改革试点城市。围绕这个发展战略，郑州市采取了一些政策措施，建设了众多的商贸设施，郑州甚至一度因为"商战"而闻名全国。但是，经过一段时间的发展，郑州商贸城的建设，仅仅依靠郑州市原有的第一产业、第二产业的支撑以及原有人口规模，是难以为继的。有鉴于此，郑州作为河南省的省会城市及首位城市，如何更好地组团发展、整体发展,被提上了发展议程。

21世纪以来,随着经济全球化和区域经济一体化的发展态势,以及"西部大开发"和"中部崛起"等国家发展战略的确立,2006年6月河南省委、省政府颁布了《中原城市群总体发展规划纲要》,规划了河南省部分城市的功能定位,大力实施中心城市带动战略,强化郑州市的区域中心地位。其中对郑州市的具体定位为:河南省省会,中国历史文化名城,国际文化旅游城市,全国区域性中心城市,全国重要的现代化物流中心,区域性金融中心,先进制造业基地和科技创新基地。

随着国家发展,城市规模不断扩大,各种资源不断向城市聚集,一批中心城市逐渐形成。2010年印发的《全国城镇体系规划纲要(2010—2020年)》,从国家层面肯定了中心城市的概念,明确提出要将北京、天津、上海、重庆、广州五大城市建设成国家中心城市。2016年,国家陆续提出支持成都、重庆、武汉、郑州建设成为国家中心城市。

如何建设好建国家中心城市,既是郑州的使命和责任,也是郑州面临的重大历史机遇。国家发改委于2017年1月《关于恳请支持郑州建设国家中心城市的复函》明确指出,郑州作为中原城市群核心城市,区位优势明显,腹地市场广阔,人力资源丰富,文化底蕴厚重。根据《促进中部地区崛起"十三五"规划》和《中原城市群发展规划》有关要求,推进郑州建设国家中心城市,有利于增强综合服务功能、引领中原城市群发展和支撑中部地区崛起,有利于加快新旧动能转换、带动中部地区供给侧结构性改革,有利于打造内陆开放高地、积极服务和参与"一带一路"建设。

二 新的使命:建设华夏文明传承创新区核心区

2011年9月,国务院发布《关于支持河南省加快建设中原经济区的指导意见》,在对中原经济区的五大战略定位中,其中之一是华夏历史文明传承创新区。要求传承弘扬中原文化,充分保护和科学利用全球华人根亲文化资源;培育具有中原风貌、中国特色、时代特征和国际影响力的文化品牌,提升文化软实力,增强中华民族凝聚力,打造文化创新发展区。

第四章　返本开新:现代化进程中郑州文化的历史建构 / 87

图4-6 嵩岳寺塔,位于登封市区北3公里处,中国现存最古老的佛塔。始建于北魏孝明帝正光元年,已有1400多年的历史,历经数次地震、风雨侵袭,至今仍然**不酥不粉,不倾不斜,巍然矗立,完好无损**。是中国古代建筑中的罕例,具有很高的美学、建筑研究价值,享有"天下第一塔"之美誉。首批全国重点文物保护单位,**世界文化遗产**

资料来源:登封市人民政府网站。

华夏历史文明传承创新区建设,需要有抓手和重点,要建立核心区。郑州无论从资源、产业,还是区位、基础等条件而言,都具备成为核心区的条件和优势。

郑州的优势体现在以下几个方面:一是文化资源优势。郑州市有世界文化遗产"天地之中"历史建筑群和郑州段大运河,有国家级非物质遗产项目5个,省级非物质文化遗产项目25个等。从已发现或认定的重点文化和非物质文化遗产的分布及数量来看,郑州都是名列前茅。二是文化产业优势。多年来的文化发展战略,在郑州市已经结出累累硕果,文化基础设施日臻完善,文化产业日趋繁荣。《禅宗音乐大典》《大宋东京梦华》等文化与旅游完美结合的实景演出赢得一片好评。这为华夏文明传承创新区的进一步建设与发展提供了坚实基础。三是中心城市优势。郑州是河南省省会城市,是河南省的政治、经济、文化、交通中心。随着国家中原崛起战略的实施,郑州市又被赋予建设国家中心城市的新角色，这为文化的大发展大繁荣奠定了坚实的物质基础和前提条件。

三 彰显文化魅力：努力建设国际文化大都市

2017年1月，国家发改委出台了《关于支持郑州建设国家中心城市的指导意见》，其中特别提出郑州市要彰显中原文化魅力，传承保护和创新发展古都文化、功夫文化、根亲文化和儒释道文化，提升凝聚荟萃、辐射带动和展示交流功能，建设国际文化大都市。

通过充分吸收近年来的考古挖掘成果，对各类历史文献进行整合研究，不断探寻郑州城市自身的演进轨迹，可以认为郑州的历史文化底蕴极其丰富，具有华夏文明发祥地与核心传承区的重大价值和不可替代的历史地位。一般认为，远古时代所处的特殊区域地理条件，使当初华夏先民集聚于郑州地域，而华夏人文始祖黄帝便诞生在轩辕之丘，也就是今日郑州市的新郑。随后炎黄后裔在黄河中下游相继建立了夏、商、周三个朝代，把许多都邑营造在这片地域，产生了上古时期的黄帝历法，集聚了华夏民族，出现了最早的文字、青铜器、夏商王城、礼制建筑等，并由这一区域发散远播，影响到整个中国，郑州由此成为孕育华夏民族的中原腹地。[①]

郑州不仅历史文化资源丰富多产，在近年的发展中，还逐渐形成了被大家公认、影响海内外的文化品牌。一是嵩山文化。"天地之中"历史建筑群的申遗成功，极大地提升了嵩山文化的影响力。"天地之中"首先是一个地理概念，郑州地区还存在西周早期确立"天地之中"理念时的实物遗存圭表。"天地之中"还是一个文化概念。在嵩山的8处11项历史建筑，分别代表了中国不同时期的主导文化，充分体现了华夏民族对它蕴含的古代宇宙观的崇尚和坚守。创设于2012年的嵩山论坛，常常邀请各种文化代表齐聚"天地之中"的郑州嵩山，成功推动中华文明与世界文明的交流与互鉴。二是少林文化。少林文化讲究"坐禅习武"。目前，习武已经逐步产业化，武术文化、功夫产业的影响已经波及世界，仅

[①] 胡燕、曹昌智、陈晟、李丹、张艳琼：《郑州历史文化名城的重大价值和地位》，《城市发展研究》2016年第7期。

登封一地，国内外来此学习武术的学员就有 10 万余人，俄罗斯总统普京访问中国时专程拜访少林寺。① 三是商都文化。经过长期的考古挖掘工作，郑州商城作为商代前期都城已经获得普遍认可，这也是郑州作为"古都"的主要的物质基础。下一步要考虑如何让商都文化无处不在，让商都文化在遗址保护、城市标志性设施及地名商都有所体现，打造独具魅力的商都历史文化街区。四是黄帝文化。黄帝是华夏儿女公认的人文始祖，黄帝文化是代表着中华文化的主要源头之一。众多文献及考古发现均证明新郑是黄帝的故里。每年农历三月三，新郑黄帝故里均举办祭祖大典，黄帝故里拜祖大典，突出了中华民族寻根拜祖的主题，象征炎黄子孙血脉相连、心灵相契、薪火相传。

四　发展文化产业：推动中原崛起的强大动力

历史上，河南地区能够长期成为中国政治经济文化中心，与其根深叶茂的繁荣文化是密不可分的。近年来，我们推进中原崛起战略，郑州开始建设国家中心城市，很重要的一个方面，就是要开发文化，发展文化，创新文化，要把丰富的文化资源变为强大的文化力量、繁荣的文化产业，才能积极推动中原崛起和郑州发展。

近年来，郑州文化产业占地区生产总值比重持续上升，文化产业蓬勃发展。根据郑州市政府的统计，2015 年，郑州市规模以上文化企业 496 家，营业收入超亿元的文化企业达 138 家；文化产业增加值达 281 亿元，占全省文化增加值比重超过 25%；规模以上文化企业营业总收入 738.7 亿元，同比增长 12.5%。产业集群特色鲜明，方特欢乐世界、方特梦幻王国、孤柏渡飞黄文化旅游景区、国家动漫产业发展基地（河南基地）、国家知识产权创意产业试点园区等，逐渐成为郑州市文化产业发展原动力。文化品牌影响力不断提升，山地实景演出《禅宗少林·音乐大典》、动漫《小樱桃》，电影《念书的孩子》，舞剧《风中少林》《水月洛神》，电视剧《快乐星球》等成为文化创意重点品牌。文化新业态不断壮大，"互联网+""文化+科技""文化+旅游""文化+创意"等新型文化业

---

① 徐光春：《中原文化与中原崛起（三）》，《领导科学》2007 年第 6 期。

态不断涌现,"互联网+文化+产业"融合发展趋势明显。

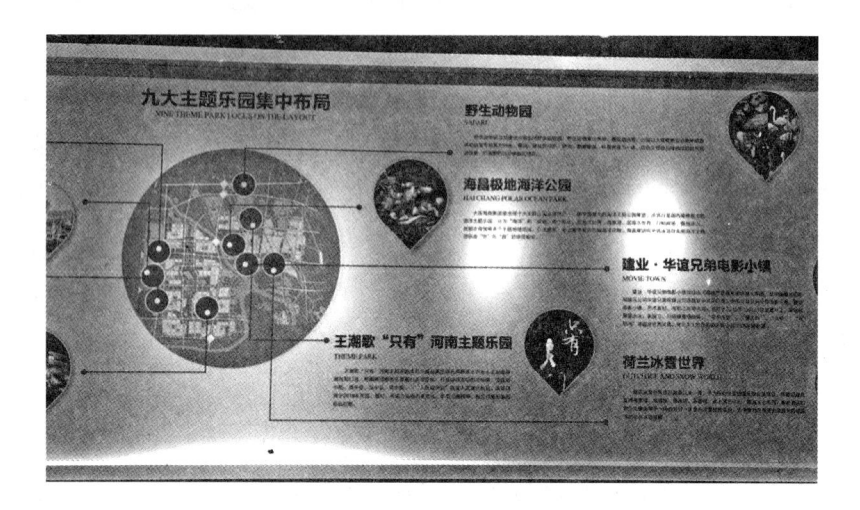

图 4-7 主题乐园的规划建设推动郑州文化产业的发展
资料来源:课题组拍摄。

在取得成绩的同时,我们也要看到差距。通过对八大国家中心城市的比较,我们发现,郑州市文化产业规模整体较弱,有影响力的文化品牌还比较少,与郑州作为国家中心城市的地位还不相称。我们必须从战略高度充分认识发展文化产业的重要性和紧迫性,抓住全国、全省发展文化产业的大好机遇,加快发展郑州市的文化产业。

现阶段,我们要按照郑州的资源禀赋、比较优势和市场潜力,充分利用郑州历史文化资源,努力推动郑州市的文化产业成为国民经济的支柱产业。重点如下:

第一,打造"一带四区"重点文化功能区。"一带"指沿黄文化旅游带,以缓和历史文化为支撑,整合黄河沿岸特色旅游资源,打造黄河旅游品牌。"四区"分别指中牟国际时尚创意文化旅游区、登封华夏历史文明传承创新示范区、新郑黄帝故里历史文化示范区、郑州航空港对外文化贸易区。

第二,推动"八大"重点产业的发展,做大做强。这八大产业分别是:文化旅游、演艺娱乐、影视制作、出版印刷、工艺美术、广告会展、动漫游戏和创意设计。

第三，实施重大文化产业项目带动战略，集中力量建设一批具有重大示范效应和产业拉动效应的文化产业项目。比如，商都历史文化区、电影小镇项目、迪士尼郑州项目等。

第四，大力推进新型文化业态发展。支持以高新技术为依托、数字内容为主体、自主知识产权为核心的"文化+科技"型文化产业新业态，全力建设郑州华强文化科技产业基地、郑州国际文化创意产业园、国家动漫产业基地（河南基地）等项目，培育一批文化科技融合示范基地、龙头企业。

五　文化交流互鉴："一带一路"推进郑州中原文化"走出去"

一个国家、一个地区的文化发展，必须敢于并善于参与世界范围内不同文化之间的交流，在异质文化的交流与合作过程中获得更新与发展。

近年来，随着郑州国家中心城市、郑州航空港经济综合试验区、华夏历史文明传承创新区、河南自贸试验区建设，以及作为"一带一路"重要节点城市、新欧亚大陆桥的战略支点城市，郑州市在扩大文化领域对外开放，加强对外文化交流，吸收借鉴世界优秀文化成果，积极推动文化走出去，提高中原文化国际知名度的路上抢抓机遇、努力创新、越走越远、越走越顺。

在文化交流平台方面，郑州积极打造了黄帝故里拜祖大典、"嵩山论坛"、"国际少林武术节"等活动平台，拓展对外文化交流的广度和深度，不断扩大中原文化、郑州文化在国内外影响力。在大力引进优秀文化项目方面，郑州市在积极营造高度开放宽松的文化产业投资环境，高水平承接国际文化产业转移，如韩国文化创意产业园、泰迪小镇项目等。2015年，华特·迪士尼（中国）郑州项目开建，主要从事迪士尼文化衍生品、动漫和消费品授权业务及电子商务零售业务，这是中外文化深度融合的一个成功典范。在积极推动郑州文化走出去方面，深入开展同"一带一路"沿线国家之间文化交流，推动郑州歌舞剧院等院团持续参与"欢乐春节""四海同春"等对外文化交流活动。这些富有中原文化特色的演出，彰显了郑州的城市形象，打造了郑州的文化名片，提升了郑州的美誉度，也是郑州走向全国舞台、世界舞台的一扇窗口。

随着一次次文化交流、"请进来"与"走出去"，郑州留给世界的印象越来越清晰、越来越饱满。一个既年轻又古老的郑州，一个既承载根亲文化又面向未来的郑州，必将在"一带一路"发展战略中表现出越来越精彩的"舞姿"，在国际舞台绽放出越来越夺目的光彩。

第 五 章

文化郑州：城市文化软实力建设的路径选择

在众多的中原城市中，郑州是一座具有悠久历史的年轻城市。作为历史古都，郑州坐落在华夏文明肇兴期的核心地域，拥有黄帝故里、夏都、商都、新郑古城等诸多华夏文明早期的重要历史坐标。作为现代城市，郑州是20世纪初京汉铁路和汴洛铁路相继建成开通的产物。以铁路为代表的现代运输业改变了郑州的交通区位，并为郑州带来现代商业和现代工业。由此，郑州在一个多世纪的时间内，由汴洛之间一座普通县城发展成为通衢大邑，晋阶河南省省会，并在改革开放过程中成长为中原城市群核心城市、"一带一路"节点城市和国家中心城市。

在这一系列城市身份的华丽嬗变的过程中，多重的角色赋予了郑州文化建设以多重使命。郑州城市文化建设既要立足于华夏文明传承创新中心这一重大职责，更要立足于国家中心城市、"一带一路"节点城市和内陆双向开放型高地等多重角色所赋予的职责，在中原城市群文化建设中发挥综合性的辐射作用，并引领中原城市群在"五个发展"中实现区域文化的全面提升。要成功担当起这些使命，郑州必须以城市文化软实力全面提升为指向，着力建设具有中原文化特色的创意都市。

第一节 文化郑州：寻求中原本土特色文化建设之路

从历史的角度看，决定一个城市人文特色和独特魅力的，主要是城市的文化特质。对于郑州文化建设而言，需要树立的目标，正是一个以中原文化为特色，以地域文化为基调的开放、多样且充满活力的文化郑州。

一 郑州城市文化建设的目标指向是打造文化郑州

现代城市是生活于其中的人民和地域文化、科学技术、产业以及独特的自然环境与人文传统的综合体。不同的城市具有不同的特色和魅力。具有强大的影响力的中心城市和枢纽城市，往往在产业、科技、教育、贸易、政治等领域具有重要的影响力和辐射力，从而呈现出独特的城市形象。但从根本上讲，文化才是现代城市的灵魂。从全球看，国际著名都市无一不具有厚植于本土，且开放、多样、活力四射的文化气质。

经营城市，需要从产业、环境、人口、教育、文化等诸多方面着力，以实现城市发展指标和人民幸福指数的全面提升。在诸多因素中，文化建设化无疑是最需要久久为功、绵绵着力的一个。

城市文化建设的目标具有多重性，包括继承发展传统文化、开发文化产业、完善公共文化服务体系、涵养城市文化多样性、营构城市文化空间，等等。作为"一带一路"重要节点城市和国家中心城市，以及中原城市群的核心城市，郑州在文化建设中既要遵循当代城市文化建设的一般规律，又要从自身所承担的多重文化职责出发，着力打造文化郑州。

建设文化郑州，第一，意味着要把郑州打造成以中原文化为根系、以中州地域文化为特色的，具有独特文化气息、独特文化韵味和独特文化质感的魅力之城。第二，建设文化郑州意味着要把郑州建设成为一座充满文化活力的城市。要全面发展文化创意产业、城乡公共文化服务和旅游产业；要激活从高端艺术产业到社区文化的各个层次的文化创造活动，使郑州成为创造性文化活动高度活跃的城市。第三，建设文化郑州意味着要把郑州营构成一座具有独特文化空间的城市，呈现出卓尔不群的风貌。第四，打造文化郑州还意味着要把郑州建设成一座具有强大文化辐射力的城市。一个具有强大文化影响力的郑州，才能引领和带动中原城市群在实现"五个发展"的过程中协调推进。

二 打造文化郑州的关键是探求郑州城市文化建设的本土路径

从要素组合的角度看,城市是由土地、建筑、自然环境与生态、历史、人口、文化活动、生产贸易等组成的复合体。如果把城市比作一个有机生命体,那么文化便是城市生命体中最具决定性的基因。从城市比较的角度,文化品格才是决定每个城市与众不同的最重要因素。就此而言,打造文化郑州,关键在于深入剖析郑州城市文化基因,并从郑州城市的当代特点和文化使命出发,构建具有郑州本土特色的文化发展之路。

图5-1 黄帝故里之中华姓氏墙,姓氏宗亲文化是中原文化的重要内涵
资料来源:新郑市人民政府网站。

"文化基因是让一个特定的文化群体或文明国家有别于其他群体或国家的原生性的特征要素。"[①] 它是一个城市最为宝贵的文化特质。在当代,城市文化发展受到人才、技术、资本、城市自然与人文资源禀赋、政策、

---

① 叶舒宪:《神话观念决定论与文化基因说》,《吉首大学学报》(社会科学版)2017年第5期,第38、42页。

机缘等多种因素影响，但从根本上讲，一座城市的文化基因才是决定其文化发展的核心要素。文化基因传承了城市文化的历史脉络，也决定着城市文化的未来形态。

从城市文化基因的角度，郑州地处中原腹地，是华夏文明早期的中心地带，华夏文明奠基时期的轩辕始祖文化、夏都文化、商都文化、天地之中文化以及在中华文明发展历史中具有重要影响的河洛文化、嵩山文化、黄河文化等都是郑州文化的重要基因。同时，郑州还是中原传统文化的重要传承地，豫剧、中原官话、象棋文化、姓氏宗亲文化、中州饮食文化等都是中原文化的重要基因。而以郑州为中心，以汴、洛为两翼，以南阳、安阳、邯郸、徐州、许昌等众多中原历史文化名城为腹地的中原文化区，更集中传承华夏文明的核心内涵。

毫无疑问，在作为"一带一路"重要节点城市、国家中心城市、中原城市群核心城市，郑州要承担华夏历史文明传承创新中心这一重大使命，就必须从传承发扬华夏文明和中原文化的文化基因入手。在当代，数字技术与文化创意产业的密切融合。开发利用文化基因，需要运用大数据等新一代文化科技对一定区域的历史文化资源进行素材化、基因化提取，并整理出文化基因图谱，形成能够智能化应用的各区域文化基因库。中国学者将这一文化基础设施建设过程称为"国家文化基因工程"[1]。郑州作为中原城市的核心城市和科技、文化中心，应当积极开展中原文化和华夏文明的文化基因数字化提取，建设"中原文化和华夏文明文化基因库"，为中原文化和华夏文明的文化基因数字化开发和传播创造良好的基础条件。同时，要争取在未来的"国家文化基因工程"建设中取得先机，成为国家中心城市中文化基因工程的建设的领跑者。正如国内学者所指出的，"我们需要重新认识这一文化传承新形势，尽快建立起有效服务于个人创意活动的，新一代数字化、智能化的文化基础设施，为个人提供丰富多样的民族民间文化资源的智能化服

---

[1] 张晓明：《文化产业的新思路、新形势、新战略》，《人民论坛》2017年第S2期，第97页。

务，与创意设计等专业化生产服务力量相结合，使几千年的优秀文化从田野、课堂、图书馆、博物馆中走出来、活起来，进入生活、走向世界"①。

可以预期，"中原文化和华夏文明文化基因库"的建设将推动华夏文明的文化基因与郑州地区旅游业、文化创意产业、现代传媒业产业、艺术设计业的深度融合，使华夏文明丰富多样的内在价值借助郑州的旅游业、文化创意产业和现代传媒体系走出中原、融入全国，迈向全球。

文化产业是推动城市文化传播和提升城市文化软实力的重要动力。根据最新统计数据，目前郑州文化产业增加值为288亿元，占全市国内生产总值的3.56%，人均文化产业增加值为0.3万元。2016年，郑州文化产业增加值占国内生产总值的比例低于全国平均水平。与东部、南部一些大城市的对比，郑州在文化产业增加值、文化产业增加值占GDP比重、人均文化产业增加值等方面，均落后于其他城市（见表5-1）。

表5-1　　　　2016年中国部分城市文化产业增加值比较

城市	文化产业增加值（亿元）	文化产业增加值占GDP比重（%）	本地常住人口（万）	人均文化产业增加值（万元）
全国	30785	4.14	138271	0.22
郑州	288	3.56	972.39	0.30
北京	3570.5	14.3	2172.9	1.64
上海	3020	12.1	2415.27	1.25
天津	802.28	4.49	1562.12	0.51
杭州	2541.68	23	918.80	2.77
南京	630	6	827	0.76
武汉	477.28	4.01	1076.62	0.44
长沙	811.2	8.67	764.52	1.06

---

① 张晓明：《文化产业的新思路、新形势、新战略》，《人民论坛》2017年第S2期，第97页。

续表

城市	文化产业增加值（亿元）	文化产业增加值占GDP比重（%）	本地常住人口（万）	人均文化产业增加值（万元）
深圳	1949.7	10%	1190.84	1.64
广州	2487.78	12.73	1404.35	1.77

注：表中郑州市文化产业增加值为2018年最新统计数据；上海市文化创意产业增加值和常住人口数为2015年数据；北京市、上海市、杭州市、广州市相关数据为文化创意产业增加值。

资料来源：

1. 《统计局：2016年文化及相关产业增加值同比增13.0%》，2017年9月26日，人民网（http://finance.people.com.cn/n1/2017/0926/c1004-29559662.html）。
2. 《年终盘点：2017年全国各地文化产业发展大揭底》，2017年12月29日，中国经济网（http://www.ce.cn/culture/gd/201712/29/t20171229_27495182.shtml）。
3. 左丽慧：《郑州市16个重大文化项目集中开工》，《郑州日报》2018年5月22日第8版。
4. 翁惠娟：《深圳文创产业成绩显著》，《深圳特区报》2017年2月5日第2版。
5. 黄宙辉、邝珊：《2017年广州人均文化消费为5040元 超过北京上海深圳》，2018年9月2日，新浪广东（http://gd.sina.com.cn/news/2018-09-02/detail-ihiixyeu2240725.shtml?from=gd_cnxh）。
6. 各地统计局公布的2016年本地常住人口统计数据。

郑州文化产业的部分发展指标不及全国平均水平，并落后于多数东部和南部的大城市，这是由于郑州文化产业发展的产业基础、经济发展水平、人力要素、技术要素、金融资本和区位等多种因素决定的。在探索郑州文化产业发展的本土路径过程中，要积极借鉴中国东部和南部一些大城市宝贵经验，又要避免简单照搬这些城市的发展模式。

从不同城市文化产业发展的差异性来看，表5-1所列的城市在文化产业发展的资源、禀赋和策略等领域各不相同，各自走出了其他城市难以模仿的发展路径。北京作为首都和国家文化中心，上海市作为长三角和长江经济带的龙头城市，各自在人才、艺术家集聚程度、技术、文化资源、文化产业资本、高等教育、信息产业与软件服务、设计产业和城市创意氛围等领域具有其他城市无法比拟的优势，各自发展出独具本地特色的文化创意产业，其规模和内在质量在国内遥遥领先。杭州作为中国民营经济最为活跃的浙江省的省会城市,以及阿里巴巴等互联网巨头总部所在城市,依托全省强大的民营资本和浙江本土文化企业的强大竞争力,以及在国内互联网经济领域无可撼动的地位,一跃成为中国文化创意产业最发达的城市,其文化创意产业占国内生产总值的比例高达23%,远远超过北京、上海。深圳市作为中国改革开放的旗帜,依托锐意创新的改革意识,充分发挥本地在文化金融、创意人才、制度创新等领域的独特优势,不断创新产业发展模式,构建起了以质量型内涵式发展为特征的现代文化产业体系,其创意设计产业、文化会展业实力雄厚,走出了文化产业发展的深圳之路。广州作为岭南文化、广府文化的中心,充分发挥对外开放前沿的区位优势和传媒、教育、文化、经济、金融、科技、人才、商贸等诸多领域的比较优势,以建设国际文化创新中心、国际文化贸易中心和国际文化交往中心为目标,不断拓展文化创意产业边界,大力推动推动数字文化与科技、商贸、旅游的跨界融合发展。其文化创意产业增加值占本地国内生产总值的比例高达12.73%,比肩北京与上海,走出了文化创意产业的广州之路。天津在发展文化产业过程中,结合本地大力发展高端制造的需要,着力推动文化产业与高端制造业的融合,积极推动京津冀文化产业协同发展。武汉充分发挥教育和科研优势,依托省会城市和长江中游经济中心的地位,积极推动文化创意和设计服务业等新兴业态快速发展,形成了独特的竞争优势。长沙在文化产业发展过程中,一方面依托"电视湘军""出版湘军"等文化产品优势部门构筑文化产业的竞争优势;另一方面积极培育城市创意网络,打造媒体艺术之都,成就斐然,在中部城市中分外显眼。

上述国内文化产业相发展较好的城市对郑州的启示是:第一,在文化发展过程中,要充分发挥本地竞争优势,并通过政策创新、制度创新不断强化这些优势,从而形成文化创意发展的本土模式。这一点正是中国文化产业发展较好的城市所共同遵循的发展路径。

在探索文化产业发展的本土路径的过程中,郑州需要对自身发展文化产业的基础条件、支撑环境和社会环境进行全面分析,找到郑州文化产业独特的竞争优势。同时,要通过政策创新和基础环境的优化,持续强化和提升这种竞争优势。

第二，郑州作为中原城市群核心城市，应当学习北、上、广、深、杭等城市，积极发展先进文化科技和文化创意产业。在全球范围内，以大数据技术为基础，以软件设计和数字内容产业为代表的文化创意产业已经增长最快、发展空间最大的文化部门。因此，郑州文化产业的发展，一方面要寻求本土化发展路径；另一方面要瞄准数字文化科技和文化创意产业，打造文化创意产业的中部高地，通过打造数字化文化科技、建设中原文化基因库、构建中原城市群文化创意城市联盟等方式引领中原城市群完成文化创意产业发展的"中原突围"，开创中原城市群文化创意产业发展的新格局。

只有积极探索文化产业发展的本土路径并积极开拓数字文化科技和文化创意产业的发展空间，郑州才能在国内文化创意产业城市间竞争中形成独特优势，切实担负起引领中原城市群文化产业发展和传承弘扬中原优秀传统文化及"华夏文明"的历史责任。

三 郑州历史文化资源传承转化要处理好与周边历史名城的关系

近年来，中原地区的文化发展受到国家高度重视。2016年年底，经国务院批准，国家发改委下发的《中原城市群发展规划》在对中原城市"绿色生态发展示范区发展"定位中指出：传承弘扬中原优秀传统文化，推动历史文化、自然景观与现代城镇发展相融合，打造历史文脉和时尚创意、地域风貌和人文魅力相得益彰的美丽城市，建设生态环境优良的宜居城市群。2016年12月，经国务院批复同意、国家发改委正式发布的《促进中部地区崛起"十三五"规划》提出，要把打造"郑汴洛焦国际旅游文化名城"作为促进中部崛起的重大工程。2018年1月，郑州市出台了《中共郑州市委办公厅郑州市人民政府办公厅关于加快国家中心城市重大项目建设的意见》，明确提出，将华夏历史文明传承创新中心确立为郑州建设国家中心城市的六个定位之一。

郑州作为中原城市群的核心城市，在推动中原文化复兴和打造华夏历史文明传承创新中心过程中，负有重要的历史使命。根据《中原城市群发展规划》，中原城市群包含河南、河北、山西、山东、安徽五省30座地级以上城市。具体为河南省：郑州市、开封市、洛阳市、南阳市、安阳市、商丘市、新乡市、平顶山市、许昌市、焦作市、周口市、信阳市、驻马店市、鹤壁市、濮阳市、漯河市、三门峡市、济源市，山西省：长治市、晋城市、运城市；山东省：聊城市、菏泽市；安徽省：宿州市、淮北市、阜阳市、亳州市、蚌埠市；河北省：邢台市、邯郸市。这些城市大都是具有悠久历史的中原文化历史名城，在中原文化和华夏文明发展的历史过程中生产过重大影响。建设文化郑州，打造华夏历史文明传承中心面临的一个重大挑战就是如何解决好城市之间的关系。这需要从两方面着手。

一是解决好郑州与洛阳、开封之间的各自历史文化资源和传统的讲述关系。正如本书在第一章所提出的，郑州在中原文化区是一个"少年老城"。郑州在华夏文创生时期和中原文化形成期扮演过重要角色，但随后的2000多年中，却淹没在洛阳、开封等历史文化名城的光芒中，在华夏文明根系延展中的地位几乎消失。近代以来，郑州从铁路枢纽发展为省会城市、中原城市群核心城市及国家中心城市，在中原城市群中的文化影响力和辐射力不断上升，但却不得不面临历史文脉失传、历史叙事需要重构的尴尬。尤其是，由行政区划调整的原因，在城市历史文化叙事领域，郑州面临着与洛阳、开封等城市的叙事冲突。

郑州在中原文化和华夏文明历史叙事节点上近乎消失超过2000年，这期间的中原文化和华夏文明重大历史节点和事件几乎都由汴、洛两座古都承担。如果郑州要从历史文化资源地域归属的角度，以自身为主体进行历史叙事，必然会与汴、洛两座古都争抢历史文化资源，并与其他两座古都的历史文化叙事形成冲突。为此，郑州在历史文化资源和传统的讲述领域，必须突破以自身为主体，以当代行政地域归属为依据的叙述模式，转而寻求一种新型的以郑汴洛为共同主体的区域性历史文化叙事模式。这种历史陈述模式强调区域内中原文化和华夏文明传统发展历史叙事的整体性有机性，既能使郑州避免与相邻古都争夺历史资源和历史叙事统一性的矛盾，又能为郑州传承与弘扬中原优秀传统文化提供更为完整与有机的历史文化形态。

二是要解决好郑州与诸多中原城市在中原文化和华夏文明传承发展领域的关系问题。根据《中原城市群发展规划》，中原城市群划分为核心发展区的城市和联动发展区的城市，这些城市各自从不同脉络和节点上展示着中原文化的多彩风貌和不同侧面。在历史文化资源叙事方面，郑汴洛区域应当发挥区域历史文化叙事中心的角色，对各个节点城市的历史资源和文化脉络进行有机组织，形成中原城市群的整体性历史文化叙事结构，从而使中原文化的内在统一性和丰富的地方性得以整体展现。

在创意经济时代，中原城市群本身就是一个庞大创意网络，郑州作为中原城市的核心城市和文化传承发展能力最强的城市，是中原城市群责无旁贷的创意网络的组织者、中原文化传承的引领者。

在这种新型结构中，郑州事实上已经成为中原城市群的文化凝聚中心、辐射中心、文化传播中和文化遗产传承与转化中心。一方面要整合分散各个城市中的文化资源；另一方面要为这些资源的传承、开发、激活和利用提供相应的咨询、培训、创意、展示、传播、科技支持等服务。针对中原城市群文化内容生产和传媒影响力在国内相对较弱的格局，郑州需要努力提供本地传媒机构的传播力和影响力，着力提升影视、动漫、音乐等内容生产传播能力，打造国内文化内容生产和传媒影响力的新高地。通过这些方式，郑州与中原文化区其他历史文化名城的关系将不再是资源争夺和历史叙事上的冲突关系，而是一种和谐有机的依赖关系。这对于郑州履行华夏文明传承创新中心的职责意义重大。

四 郑州旅游文化设施区域布局及旅游产品开发要强调差异化

旅游文化产业是建设文化郑州的重要组成部分，也是郑州履行弘扬中原优秀传统文化和建设华夏文明传承创新中心的重要途径。郑州地处中原文化的核心区，历史文化资源丰富，城市综合实力较强，具有强大的旅游吸引力。

根据《郑州市 2017 年国民经济和社会发展统计公报》和《河南省

2017年国民经济和社会发展统计公报》，2017年，郑州市全年实现旅游总收入1195亿元，高于洛阳市（1043.0亿元）和开封市（483.2亿元），占全省17.7%，比上年增长13.4%；接待旅游人数1.01亿次，低于洛阳市（1.24亿人次），高于开封市（0.59亿人次），占全省总量的15.17%，比上年增长12.9%；年末全市共有4A级以上景区16个，少于洛阳市（26个）但多于开封市（7家），占全省总量的10.1%。

从统计数据来看，郑州文化旅游业总收入在河南省内城市中占首位，但与洛阳等城市相比，优势并不突出。这种现状与郑州作为中原城市群核心城市与国家中心城市所应承担的文化引领和文化辐射作用不相适应。因此，加大投入，深耕旅游文化产业，提高旅游文化产业在中原城市群中影响力、辐射力和带动作用，就成为文化郑州建设的当务之急。

从国内文化旅游业发展的现状和普遍呈现问题来看，在"一带一路"倡议和建设国家中心城市的背下，郑州需要重视旅游文化设施区域布局及旅游产品开发过程中的差异化。

在旅游文化设施的区域布局方面，重大旅游文化设施在立项过程中充分运动大数据等科技手段，对项目的市场需要、消费趋势、相邻区域竞争项目等因素进行充分调研和科学评估。在中原文化城市群核心区或中原城市群联动发展区、中原城市群发展轴等不同层面，要避免在高度竞争条件下的重复建设项目。

在旅游文化产品开发方面的差异化方面。郑州需要从两个方向着力。一是要立足中原文化和华夏文明的悠久传统和博大内涵，结合郑州本土文化和中原城市群各个历史文化名城的本土文化，开发富含中原文化特质和华夏文明历史蕴含的旅游观光和体验产品，使郑州旅游成为令人难忘的中原文化和华夏文明体验之旅，使到过郑州的游客都愿故地重游。二是要策划建设若干富有特色的科技含量高的现代旅游体验项目。目前，郑州正着力建设的"郑州国际文化创意产业园"面积达132平方公里，以文化创意、时尚旅游和高端商务为产业发展主轴，已经引入了方特旅游度假区、华谊兄弟电影小镇、海昌极地海洋公园、荷兰冰雪世界、野生动物园、王潮歌"只有"河南主题乐园、华强"美丽中国三部曲"、绿化博览园、韩国泰迪熊小镇等大型创意旅游项目,提高了郑州文化旅游产品的整体品格和吸引力。在下一步的发展中,郑州要高度强调项目内容、特色和体验的差异性、创新性。特别是要充分运用当代文化科技的新成果,通过一流的创意、策划、设计和设施,为旅客提供独一无二的体验,把为游客创造独特的旅游体验作为打造郑州旅游业形象的基本途径。

五 文化郑州建设需要一个具有科学规划和监督功能的专家系统

文化郑州的建设是一项长期的、高强度的战略任务。为保证这一战略任务始终科学决策、优化决策,需要搭建一个具有科学规划和监督功能的专家系统。

这样一个专家系统,应当包括旅游、文化战略、文化产业、品牌、商业文化、艺术设计、城市规划、著名艺术家、历史文化专家等多种文化创意人才与文化管理专家,其遴选范围应该面向全球。

这样一个专家系统的存在及运行,其意义绝不止于只是推动文化决策的科学化。对于郑州而言,在建设国家中心城市和"一带一路"节点城市背景下,这一专家系统的建设是同时也是优化文化治理、践行文化民主的重要方式。这种制度设计,从决策机制上为郑州文化建设的决策体系提供了自我学习、自我批评和自我调整的动力,也为郑州文化建设中保持战略目标持续性、稳定性提供了保障,避免政府部门单独决策过程中容易出现的政随人变的弊端。这一方式,在国外也被称为"创造性授权"[1]。例如,法国里昂市在推动城市文化发展过程中,为促进文化政策与城市发展政策的结合,成立了一个负责文化合作的委员会。该委员会作为市级行政机构的组成部分,受到文化和区域发展代表团的监督,旨在"促进文化机构、城市政策的行动者、重大活动、独立公司、非政府组织,以及大众教育、卫生、城市复兴和新经济等方面的网络之间的合作"[2]。

---

[1] [英]查尔斯·兰德利:《创意城市:如何打造都市创意生活圈》,杨幼兰译,清华大学出版社2009年版,第262页。

[2] 参见[德]克劳斯·昆兹曼等《创意城市实践:欧洲和亚洲的视角》,唐燕译,清华大学出版社2016年版,第243页。

第二节 内聚人才：提升郑州城市
文化软实力的当务之急

"一带一路"倡议和建设国家中心城市为郑州提供了前所未有的发展机遇。郑州的经济、文化将通过"一带一路"和国家中心城市建设这两个纽带与全球经济文化交流体系联结在一起，从而完成对区域性内陆城市这一经济地理身份的超越，踏上建设国际化都市的道路。面对历史机遇，郑州能否乘势而起，化蛹成蝶，最为关键的因素是能否提供有力的人才支撑。

一 时不我待：郑州腾飞的历史机遇与人才需求

世界范围内，任何城市的历史性崛起都是众多内外全力共同作用的结果。在城市崛起的过程中，除了城市自身努力外，重大历史机遇的作用往往必不可少。对于郑州而言，履行中原城市核心城市的影响和辐射职能、建设国家中心城市、作为重要节点城市参与"一带一路"经济文化交往、打造国际化都市，都需要进行全方位的人才储备。因此，为历史性崛起进行战略性人才储备和人力资源升级，是建设文化郑州的重中之重。

作为一座传统上的内陆城市，郑州正面临多种历史性、趋势性重大变革带来的压力与机遇。从全球科技发展的角度，人类正在经历以人工智能、清洁能源、机器人技术、量子信息技术、虚拟现实等领域的重大突破为代表的第四次工业革命。这是继蒸汽技术革命（第一次工业革命）、电力技术革命（第二次工业革命）、计算机及信息技术革命（第三次工业革命）之后，人类科技和生产力发展的又一重大革命。

第四次工业革命是人类信息技术革命不断量变积累的结果。从20世纪80年代开始，中国通过对外开放，成功实现了对第三次工业革命的追赶，并在21世纪发展成世界最大的ICT（信息通信技术）生产国、消费国和出口国，以及全球信息技术创新领域的领先者。抓住历史机遇，全面参与第四次工业革命,将促使中国科技进步领域实现跳跃式发展,第一次在技术革命领域与美国、欧盟、日本等发达国家站在同一起跑线上,充分享受第四次工业革命的技术红利。2015年5月19日,国务院正式印发《中国制造2025》,提出到2025年,制造业整体素质大幅提升,创新能力显著增强,全员劳动生产率明显提高,两化(工业化和信息化)融合迈上新台阶,形成一批具有较强国际竞争力的跨国公司和产业集群,在全球产业分工和价值链中的地位明显提升。这是中国参与第四次工业革命的重要宣示。

在这一进程中,包括郑州市在内,中国所有经济科技和教育相对发达的城市,都将面临重大的发展机遇,如果能够通过对新技术革命的深入掌握而形成新的竞争优势,将使自身在国内城市体系中脱颖而出,获得重新定位。

从区域发展的角度,中国正处于东部地区向中西部进行产业转移的经济升级进程中。东部发达地区大多进入工业化向后工业化转型阶段。一些大都市已经进入后工业化阶段,服务经济在经济部门中占有绝对主导地位。郑州作为中原城市的核心城市,在引领全省和其他中原城市群城市高效地承接东部产业转移以及国际产业转移,提升中部地区产业形态方面,负有不可替代的示范带动作用。从郑州市本身的经济阶段来看,截至2016年,全市三次产业占比分别为:1.93%、46.79%、51.28%。郑州第三产业增加值的比例大体与全国平均水平相当,与北京、上海、广州等东部经济发达城市比,仍有不小差距;与西安、重庆、成都、武汉等中西部城市相比,郑州市第三产业明显占比显著低于西安市,与其他三市差别不很明显。但郑州市第二产业相比较弱,占GDP的比例仅比西安略高,低于其余三市(见表5-2)。这些情况说明,郑州市第三产业和现代服务业在经济结构中还没有形成明显优势,不利于全市产业结构提升以及更好辐射带动中原城市群,也不利于充分发挥国家中心的影响力和辐射力。在下一步发展中,郑州一方面需要加大投入,培植新兴战略产业,加强现代制造业实力;另一方面,要加快发展现代服务业,提升第三产业在经济结构中的比值,以便更好发挥中原城市群核心城市和国家中心城市的辐射作用。

表 5-2　　中国国家中心城市 2016 年国内生产总值三次产业构成比较

城市	2016 年 GDP 总量（亿元）	第一产业占 GDP 比例（%）	第二产业占 GDP 比例（%）	第三产业占 GDP 比例（%）
全国	74412	8.6	39.8	51.6
郑州市	8114	1.9	46.8	51.3
北京市	24899.3	0.5	19.2	80.3
上海市	27466.15	0.4	29.1	70.5
天津市	17885.39	1.2	44.8	54.0
重庆市	17558.76	7.4	44.2	48.4
广州市	19610.94	1.2	30.2	68.6
成都市	12170.2	3.9	43.0	53.1
武汉市	11912.61	3.3	43.9	43.9
西安市	6257.18	3.7	35.1	61.2

资料来源：根据各市、各直辖市 2016 年国民经济与社会发展统计公报整理。

可以看到，无论是主动参与第四次工业革命，融入全球新一轮技术革命和技术创新浪潮、主动参与"一带一路"倡议；还是引领中原城市群更好地承接东部产业转移、促进区域产业升级，或是优化自身产业结构、在国家中心城市群中寻求更为突出的经济影响力；对于郑州而言，都是难以抵挡的诱惑和任重道远的挑战。

面对种种挑战，郑州需要迎难而上，来为自己和中原城市群最终赢得一个通向辉煌明天的历史性机遇。在这一过程中，无论采取何种路径或是何种对策，郑州必须做好一点，那就是为赢得这些机遇做好人才储备工作。这一人才储备体系内，面向创意城市和未来城市的文化创意人才、高科技人才以及新兴战略产业人才无疑是最为重要的人才准备。在很大程度上，他们的数量将决定郑州的未来前景及其在中国城市体系中的身份。

二　从人口红利到人才红利：郑州提升城市文化软实力的必然选择

中国是人口大国，劳动力资源丰富，改革开放以来，中国经济经历近40年的要素驱动型增长，大量劳动力从农业部门转移到工商业部门，加之城市化进程的持续进行，人口红利为中国经济增长提供了强大动力。从全国看来，人口净流入地区经济增长水平和社会发展水平明显高于人口净流出地区。河南省在长时间内属于人口净流出地区，但作为省会城市，郑州一直保持了对外来人口的吸引力。从1990年到2016年，郑州城市建成区面积从112平方公里增长到443平方公里，常住人口从557.8万增加到956.9万，GDP从116亿元增长到8114亿元。[①] 这其中有经济发展质量提升的内因，更有人口增长带来的增量式增长。

近年来，随着每年人口增量的下降以及城市化水平的不断提升，中国劳动力供给已经逐步接近刘易斯拐点。一方面每年新增劳动力持续下降，企业招工难成为普遍现象；另一方面全社会劳动力成本不断上升，人口红利正在消失。由此，人口和劳动力就成为城市间重要的争夺对象。近年来，各地频频出现大中城市降低落户门槛，大量吸引大学生等高学历人口及专业技术人员落户的事件。2017年以来，杭州、西安、武汉、成都、南京为代表的大城市，纷纷出台种种优惠政策，进行"抢人"，上演了国内城市间人才争夺战的生动剧情。"抢人"之风如此强劲，甚至一线城市北、上、广、深也纷纷卷入其中。入户门槛甚高的上海出台新举措，规定清华、北大毕业生可直接落户。

国内城市间的"抢人"大战背后有着强烈的利益动机。在改革开放过程中，中国逐渐形成了以大城市特别是区域中心城市和国家中心城市带动城市群和区域整体发展的战略。人口增长对城市经济发展带来巨大的规模效应、乘数效应、聚集效应。在这种城市发展模式中，人口和经济规模的不断提升会持续强化中心城市在城市群中的综合影响力，提升其在城市群中的首位度。而首位度的提升又会进一步增加核心城市在对人口、资金、投资和科研活动、文化活动和教育资源等方面的吸附力，从而形成城市规模增长与总体影响力提升的正向循环。对于广大城市而言，只有通过优惠方式，吸引到更多劳动力和人口，特别是教育程

---

① 郑州市统计局、国家统计局郑州调查队编：《郑州统计年鉴（2017）》，中国统计出版社2017年版，第7页。

度高的人口，才能拥有更多优势并从城市间经济、文化、科技竞争中脱颖而出。

郑州是国内城市间的"抢人"大战的积极参与者。对于郑州而言，参与全国范围内的主要城市间人才争夺之战不仅是形势所迫，更是主动为之。应对第四次工业革命、参与"一带一路"经贸交往、推动自身产业结构升级、提升城市综合竞争力、发挥中原城市群核心城市和国家中心城市的强大辐射和带动作用，郑州都需要在人才汇聚方面进行有力作为。2017年11月，郑州市委、市政府联合发布的《关于实施"智汇郑州"人才工程 人加快推进国家中心城市建设的意见》，通过7项人才计划、19条保障举措，延揽对象包含从两院院士到专科以上毕业生和职业（技工）院校毕业生的各个层次的人才，被称为"史上最强人才政策"。

这一"最强人才政策"的实质是从被动享受人口红利到自觉追求人才红利的重大转变。人才红利意味着劳动力整体文化素质和创新、创意能力的大幅提升，意味着城市劳动人口中科技、建筑和设计、教育、艺术、音乐以及娱乐、商业和金融、法律、卫生保健、管理等领域的"创造性专业人员"[1]或者创意阶层的大量增加。国内外城市的大量事例已经证明，文化创意人才与现代服务业发展程度互为表里，相互支撑。文化创意对现代服务业发展创新发展的影响作用已经不亚于科技因素。对于郑州而言，人才红利的大量集聚或开发也意味着城市的文化创造力、文化消费力和文化多样性的全面提升。因此，人口红利到人才红利的转型，不仅对郑州经济社会发展和进步产生重要影响，而且对郑州城市文化软实力具有重大的提升作用。

在积极参与国内主要城市之间"抢人"大战的背景下，郑州的城市人才战略需要完成三重突破。其一是突破对人口红利的依赖，将城市发展的人力资源开发重点从增加数量转向提升质量，使人才红利成为郑州经济社会发展水平全面提升以及城市文化软实力增长的重要动

---

[1] ［美］理查德·佛罗里达：《创意阶层的崛起》，司徒爱勤译，中信出版社2006年版，第9页。

力。其二是要通过全面优化郑州城市教育体系，使人力资源的内生性增长成为经济社会发展水平全面提升以及城市文化软实力增长的重要保证。其三是要通过制度创新，全面激发各类人才的创造性，使人才潜力充分释放，成为经济社会发展水平提升以及城市文化软实力增长的重要方式。

三 教育立市：提升郑州城市文化软实力的根本之举

人才是最具有弹性系数和增值能力的生产要素，也是城市文化软实力的基本要素和支撑面。在郑州打造中原城市群和国家中心城市的过程中，需要坚持教育立市，以全市教育水平的全面提升促进人口素质不断提升。这是实现从享受人口红利转向发掘人才红利的关键，也是提升郑州城市文化软实力的根本举措。

教育立市意味着要把教育水平的全面提升作为推动郑州城市实现"五个发展"核心动力，并举全市之力推动全市教育发展水平的全面腾飞。综合郑州现阶段经济、社会、教育等领域的发展现状以及郑州所面临的历史机遇和重大挑战，郑州的教育立市战略，除了持续加大教育投入、完善职业教育体系、打造具有郑州特色的本土终身教育体系等常规发展举措外，还需要强调三个重点。

一是把全面提升高等教育发展水平作为教育立市的核心举措。郑州是中国第一人口大省的省会城市，由于历史原因，长期以来，高等教育发展规模和高等院校数量与周边省会城市及高教强市相比，都存在着一定差距。近年来，郑州高等教育发展迅速。从相关指标来看，郑州在高校数量、高校在校学生数量、高等学校专职教师数量、全市每万人中拥有高校在校学生人数等方面，已经与其他国家中心城市差距不大了，基本处于同一阵营；但从全市拥有国内知名优秀大学的数量看，郑州与其他城市之间依然具有明显的差距（见表5-3）。因此，在文化立市的背景下，郑州高等教育发展面临的重要任务就是加大资源配置力度，打造名校集群，推动高等教育实现内涵式发展，把郑州建设成为全国高教强市。尽管任重道远，但郑州别无选择。

表 5-3　　2016年郑州市与国内部分国家中心城市高等教育发展指标比较

	全市拥有普通本专门科学校（所）	当年全市高等学校在校人数（万）	每万人普通高校在校生人数（人）	普通高校专任教师人数（万人）	拥有全国知名高校的类型与数量
郑州	56	88.93	1155.87	4.62	建设世界一流大学或一流学科大学1所；211高校1所
武汉	84	94.87	1417.32	5.78	建设世界一流大学或一流学科大学7所；985高校2所；211高校7所
西安	63	83.1	1080	4.71	建设世界一流大学或一流学科大学8所；985高校3所；211高校8所
成都	56	79.16	569.5	4.95	建设世界一流大学或一流学科大学8所；985高校2所；211高校5所
重庆	65	78.46	305.9	4.06	建设世界一流大学或一流学科大学2所；985高校1所；211高校2所

续表

	全市拥有普通本专门科学校（所）	当年全市高等学校在校人数（万）	每万人普通高校在校生人数（人）	普通高校专任教师人数（万人）	拥有全国知名高校的类型与数量
广州	82	105.7	1214.6	5.97	建设世界一流大学或一流学科大学2所；985高校2所；211高校4所
天津	55	51.38	1083	3.05	建设世界一流大学或一流学科大学2所；985高校2所；211高校4所

资料来源：各市、直辖市2017年统计年鉴。成都市每万人普通高校在校人数为推算结果；建设世界一流大学或一流学科大学为2018年数据。

二是坚持科教融合，把郑州建设成为全国重要的科教创新中心。要通过保护创新、保护知识产权、设立科研成果孵化基金、鼓励发明成果商业开发、鼓励高校科研人员智力成果市场化、推动校企合作与研企合作、大力培育各种类型的风险投资基金等方式，着力推动高校和研究机构成果的快速转化。在公共服务领域，从新兴战略产业和基础科研的需要出发，以公共财政打造共享实验平台，广大中小企业和高校科研与创新提供技术支持。同时，要坚持开放共享理念，推动郑州成为国内重要的文化创意与技术创新之城。

三是革新理念，树立以培养人的创造力为核心的教育理念。在人工智能时代，教育活动最重要的使命已经不在帮助学生积累知识本身，而是培养学生自主学习、创造性解决问题的能力。这一理念应当贯穿郑州国民教育体系各个领域，成为全市自觉践行的教育基石。

四 从国家中心城市到国际都市：建构全球性人才集聚高地

在全面深化改革，不断扩大对外开放广度和深度的时代大势下，中国与世界的连接将更为紧密，郑州作为国家中心城市、中原地区对外开放高地、"一带一路"重要节点城市、重要的国际电子商务港，正在迎来前所未有的国际化机遇。无论是经济、文化、贸易、科技、教育、创意等对外交流密切的领域，还是公共决策、城市规划、公共服务等城市治理领域，都将更为开放。国外经验、中外文化差异与规则协商等各种国际元素必然越来越多地进入郑州，推动郑州从国家中心城市迈向国际都市。

从人才汇聚的角度，郑州从国家中心城市迈向国际都市的过程由两个阶段组成。第一个阶段是郑州从本土城市转变为移民城市的过程。这一过程从改革开放之初郑州吸纳农民工进城开始，一直在进行中，大量外地人口通过在郑州求学、经商、购房、落户等方式融入郑州，成为新郑州人。郑州从改革开放前完全由本地人口组成的城市转变为由本地人口和大量国内移民人口共同组成的移民城市，汇聚了大量各类高学历和高端优秀人才。郑州经济社会各项事业的发展和城市建设的巨大成就，包含着外来"移民"巨大的智慧奉献。2017年颁布实施的"智汇郑州"人才工程充分展现了郑州吸引优秀高端人才的态度和决心。第二个阶段是郑州由国内移民城市转变为国际都市的过程。这一阶段，随着各个领域对外交流不断深化，国际化的人员交往和观念交流成为城市生活的常态。随之，郑州的人才战略将从面向国内"移民"人员扩大到面向全球聪明大脑。如果说2017年颁布实施的"智汇郑州"人才工程是"智汇郑州"的"1.0版"，那么，面向全球聪明头脑的人才战略将是"智汇郑州"的"2.0版"。

"智汇郑州"的"2.0版"一方面鼓励全球聪明头脑移民郑州，另一方面鼓励全球聪明头脑的智慧与郑州本土智慧在网络空间相撞与汇聚。与"智汇郑州"的"1.0版"的利益驱动策略不同中，"智汇郑州"的"2.0版"将更多地采取诱导性策略。"智汇郑州"的"2.0版"将以创意郑州为依托，以优美亲和的城市环境和无限可能的发展机遇来吸引全球聪明头脑。

"智汇郑州"的"2.0版"将会搭建一座以郑州为中心的全球智慧网络。在这一网络中,既有创意工作者在轻松氛围中随意交流而碰撞的智慧火花,也有把个人灵感与海量数据相连接的人工智能网络。这样的一个网络,将把源自郑州的智慧与面向郑州的智慧紧密相连,使郑州成为一座充满创新观念,拥有强大创意能力的独具魅力的智慧型国际都市。

建设国家中心城市和国际都市都是不断尝试不断创新的过程。无论是实施"智汇郑州"工程,还是面向全球汇聚智慧,都需要通过持续、大胆而稳健的制度创新,不断突破现有体制机制对人才的束缚,从而更好地释放人才红利。

第三节 外向传播:郑州文化软实力提升的必由之路

城市文化软实力是一个城市的文化特质及生活方式所产生的文化影响力、吸引力和文化产业竞争力的综合。按照软实力这一概念的创始者约瑟夫·奈的观点,软实力的本质是吸引力。城市文化软实力的核心是由于文化体验和文化价值认同而产生的内部凝聚力对外吸引力。在当代,文化软实力是城市综合竞争力的重要组成部分。构建科学高效的现代城市文化传播体系,是郑州在融入"一带一路"倡议、打造"三个高地"(中西部地区科技创新高地、内陆开放高地、全国重要的文化高地)以及建设国家中心城市过程中经营城市文化软实力的必选科目。

一 小传统化:中原文化的地位变迁与当代传播危机

中原文化处于华夏文明地理枢纽,是华夏文明形成及传承发展的原核。华夏文明肇始之初的黄帝故里,夏、商王城都在以郑州为中心的中原地理腹地。中原文化孕育了中华文明传承发展的核心文化基因——汉字,贡献了"天下之中""和合""大一统""天人感应"、礼乐制度、宗法制等华夏文明中最具根源性和基础性的价值观念。以"四书五经"为代表的中华文明早期的文化原典、先秦诸子的思想学说、二程理学等都产生于中原地区。在华夏文明大传统形成和发展过程中,中原文化具有无可替代的重要地位。"中华民族统一政治体制及价值观念的形成,在很大程度上就是中原地区制度文化和精神文化的放大。"①

西晋之后,中原文化的地位在华夏文明的文化地理版图不断下降。第一次下降从东晋开始,由经济、文化重心南迁,中原地区在华夏文化体系中核心地位逐渐弱化。第二次下降从元代开始,全国政治重心转移到北京,而经济、文化重心长期处于南方。加之国家疆域的扩大和重构,在华夏文明体系中,中原地区的政治、经济、文化和区位重要性持续下降。在这一过程中,中原文化作为价值内核和生长基因在华夏文明形成和发展中的肇基性地位,以及其在中华道统文化传承发展中引领性、统摄性、主干性影响力都逐渐被湮没和遗忘。第三次下降发生在近代以来,在中华民族走向现代化的过程中,东部沿海地区和部分沿江城市最早被迫与西方列强国家进行通商,逐渐发展成国内工商、教育、文化、通信、经济等相对发达的城市,广大中原地区地处内陆,经济、文化、商贸、教育相对落后,处于发展劣势。

区域对外经济贸易地位的下降与文化衰落之间的内在关联有例可证。"西方历史上最著名的文化衰落时期反而伴随着贸易边界的大幅回缩。从公元422年罗马帝国的崩溃到1100年左右的中世纪早期,也就是所谓的黑暗时代,出现了跨地区贸易和投资的大规模收缩……在这一时期,建筑、写作、阅读和视觉艺术的水平都出现大幅下降。"② 与西方中世纪早期的由于封建主义和神权垄断造成的文化全面衰落不同,中原文化的历史性衰落是中原地区对外经贸交流区位变化、中华文明的文化重心和经济重心转移综合影响的结果。因而在很大程度上,中原文化的衰落主要是其在中华文明的文化地理中相对地位不断下降的过程。

近代以来中华民族长期处于文化自信危机中,中原文化作为华夏文明的区域性典型,在全国文化版图中的地位进一步下降,最终在文化地

---

① 刘成纪:《关于中原文化的三个基本问题》,《郑州大学学报》(哲学社会科学版) 2007年第6期,第73页。

② [美]泰勒·考恩:《创造性破坏:全球化与文化多样性》,王志毅译,上海人民出版社2006年版,第16—17页。

理上意义蜕化成为一种地域性文化。

这一逻辑进程一直持续到21世纪初。改革开放以来,中国对外开放也从东部沿海开始,逐步向内地扩展,东部地区由于对外开放之利和本土传统商业文化的影响,经济、文化发展迅速,在国家区域政治格局中地位相对上升,中原地区与东部地区的经济、文化差距扩大,中原文化的影响力和地位随之下降。

改革开放以来直到国家提出中部崛起战略,中原文化的传播实际上陷入一个怪圈:经济发展落后导致传媒话语权相对落后,加之认识上的模糊,中原地区的核心城市也始终未能建立起对中原文化在华夏文明大传统意义上的整体性表述。与此相对应的是,在旅游业全面崛起的过程中,商业性传播实际上掌握了对中原文化的表达权,而这种表述基本是从小传统出发,以实现商业利益为指向。以商业电影《少林寺》为代表,层出不穷的少林武术题材影视成为一种文化传播现象,令嵩山、登封乃至整个河南名扬海内外。但从文化传播层次而言,少林武术影视文化只是与港台武侠小说、海外中国功夫片进行了跨越时空的遥相响应,其文化品格并未脱离人们对中国武术小传统层面的猎奇与想象。

作为一种传媒现象,少林武术影视产品映射出中原文化在当代传播中面临的一个无法回避的尴尬现象:长期以来,由于主流媒体对中原文化在大传统意义上的整体性、结构性、根系性表述的缺失,现代商业文化特别是旅游文化成为中原文化的肢解化、碎片化的又一推手。在开发旅游文化资源的动机下,中原文化的地理范围内,各地纷纷以本地或本区域为中心,进行历史文化资源的带有排他性的属地化叙事。近年来成为热点话题的宋都文化、河洛文化、嵩山文化、商都文化等,都是对中原文化进行区域化、本土化叙事的事例。在以本土地域为中心、以旅游文化资源聚拢和开发为隐性话语的中原文化叙事中,中原文化被进一步被引向小传统化的表述。其典型叙事模式是对文化存在进行显态化和感性化表述,而对文化存在的抽象价值和内在结构则采取疏离或漠然态度。如把中原文化表述为由戏曲文化、汉字文化、姓氏文化、武术文化等,使中原文化仅仅成为显性文化的集合体。旅游文化中的这种叙事方式由于符合政府保护与开发地域文化资源、发展本地旅游经济的动机相契合,一直受到各地政府大力推动。

小传统化的中原文化叙事固然满足了现代传媒图像化和现代旅游业体验式消费的要求。但从文化传承和文明发展的角度来看，小传统的文化形态无法担当传承文明内核的功能，也无法有效传递一种文化的核心价值、内在规范与道统承续。

文化是当代城市发展的重要动力。实现中部崛起、全面参与"一带一路"倡议、落实《中原城市群发展规划》所提出的战略目标，完成建设华夏历史文明传承创新中心的文化使命，都需要以郑州为核心的中原城市群坚定文化自信，推动中原文化的历史性复兴。实现中原文化的历史性复兴，需要站在面向世界、面向"一带一路"、面向中华民族的伟大复兴的时代制高点，打破长期以来中原文化叙事的小传统化的被动局面，重构中原文化的大传统叙事。只有这样，才能让中原文化为区域创新发展提供丰富的价值基础和灵感源泉，重新站上与人类先进文化对话交流的历史平台。

二 实施"一带一路"倡议给中原文化复兴提供了重大机遇

如果对中原文化对外传播的历史进程进行考察，就会发现中原文化的衰落与"一带一路"的历史命运休戚相关。从公元2世纪张骞凿空开辟中原地区与西域、中亚的商贸和文化交流线路以来，在很长时间里，丝绸之路一直联结着作为华夏文明核心地带的中原与中亚、欧洲地区。这种文化交流一直持续到明朝初期。14世纪帖木儿帝国在中亚兴起以及15世纪奥斯曼帝国欧亚大陆中部崛起这两个历史事件导致陆上丝路被阻断。而明代的海禁政策、清代闭关锁国政策又实际上中断了海上丝路。

南宋以来，中国经济、文化重心南移的同时，宁波、泉州、广州等海上贸易港口城市扮演了华夏文明对外交流窗口的功能。直到近代，沿海地区在对外贸易和交流中都占有绝对主导的地位。在这一过程中，中原文化不可避免的地位下降与海陆丝路的相继断绝有着直接的关联。在中原文化不断小传统化的过程中，除了中原地区文化创造力和经济地位的衰退，中原文化对外交流端口相继堵塞也是一个重要因素。

"一带一路"背景下，中原地区的文化交流与文化创造活力的位势正在发生重大改变，中原文化迎来了当代复兴的历史契机。首先，"一带一路"倡议发生在信息化时代,即时化、网络化、个人终端、大数据通信等信息传播方式,高铁、飞机等高速交通工具,共同填平了沿海港口与内陆地区在对外文化交流上的时空鸿沟。在与"一带一路"沿线数十个国家和地区的文化传播与交流领域,中原地区已经不存在地理区位的劣势,而是与国内其他区处于同一竞争线上。这是古代丝绸之路和海上丝路开辟以来前所未有的改变。其次,"一带一路"背景下,中原文化必然随着中原城市群对外开放以及与沿线国家之间的贸易文化交流走向与世界各国文化交流的前台。在中华民族重树文化自信,"五个发展"指向人类先进文化前进方向的背景下,中原文化丰富厚重的价值内涵、哲学理念及其蕴含中华民族独特的历史经验和政治智慧,必将为"一带一路"沿线的国家和各种文明所重新认识。作为华夏文明肇基者和价值内核的中原文化也将在广泛、深入的文明互鉴中获得新的动力和滋养。再次,在"一带一路"背景下,中原地区现代文化创意产业将迎来巨大的发展,中原地区与"一带一路"国家间的教育、旅游、文化交流和技术合作都将达到新的高度,这将为中原文化的创新发展注入源源不断的活力和灵感。

面对"一带一路"所带来的中原文化复兴的重要契机,以郑州为核心的中原城市群需要抓住机遇,在传承保护中原历史文化资源的同时,有效构建中原文化的解释与传播的主动权。要对中原文化的丰富内涵进行现代阐释,提炼中原文化的包容性、创新性、开放性等价值内涵,提炼当代中原人民团结和谐、爱国报国、自强不息的时代精神。要从文明对话、文明互鉴的高度和文化创新的立场,对中原优秀传统文化进行创造性转化和创新性发展。

推动中原文明复兴,对建构郑州城市文化软实力、推动中原城市群崛起以及当代中华文明发展都具有重大的时代意义。

第一,中原文化复兴意味着在中华民族伟大复兴历史进程中,中原文化找回了失落已久的历史地位,和中华文明的其他文化—地理板块一起,重新站在了中华文明传承创新的发展前沿,并通过全球"流通"获得新的生命。流通性是文化的生命线,"一个传统如果不能全球流通,它就很难继续流传下去"①。

第二，中原文化复兴意味着在中原地区实现"五个发展"发展过程，人民的创新精神、爱国精神、开放包容精神、锐意开拓精神等价值追求将以大传统的方式被书写和传播，成为中华民族当代价值追求的重要组成部分。

第三，中原文化复兴，意味着广大中原地区建立了先进的文化生产力，重新成为中华文明最具创新力和传播力的地区之一。以郑州为代表的中原城市群内部各城市的文化软实力必将在这一过程中获得极大的提升。

三 打造数字化时代全新的郑州文化传播体系

文化软实力的来源是价值内涵与审美认同所产生的吸引力，但是没有文化的有效传播，这种吸引力就无法实现。因此，文化传播力是构建城市文化软实力的重要使命。

"一带一路"的战略性地位和长期性存在，使得"一带一路"所涉及的国家、地区和主题性事件都将成为中国国内以及"一带一路"沿线国家媒体长期关注的热点。这一传媒现象决定了作为中原城市群核心城市的郑州，必将长期成为中外媒体关注和传播的焦点。同时，由于郑州的文化传播能力在中原城市群中具有无可替代的突出地位，使得它成为中原文化对外交流与传播的重要整合者。这两种传播上的优势，在"一带一路"倡议实施之前，郑州从来不曾拥有过。

在"一带一路"背景下，郑州需要充分利用自身所获得的传播优势和位势，建构全新的文化传播体系，以提升自身的城市文化软实力。这一全新的文化传播体系，应当包括两个模块：现代传媒体系和旅游体验传播体系。

现代传媒体系包括传统媒体和数字媒体。传媒媒体包括图书、报刊等纸质媒介，以及广播、电视、电影等电子媒介。新媒体则包括数字电

---

① 李河：《传统：重复那不可重复之物——试析"传统"的几个教条》，《求是学刊》2017年第5期，第41页。

视、移动电视、网络电视、智能手机、新闻网站、搜索引擎、数字地图、视频网站、即时通信、各类APP、社交软件、手持移动终端，等等。与传统媒体相比，新媒体具有即时传播、互动传播、大容量传播、分散化和个人化传播、低成本或零成本等诸多优势。在"一带一路"背景下，建构郑州文化传播体系需要注意做好以下事项。

第一，建构新媒体与传统媒体相结合的传播体系。突出新媒体的重要作用，同时要充分利用传统媒体的优势和作用来开展城市文化传播。

第二，构建官方媒体与非官方媒体相结合的城市文化传媒体系。充分发挥官方媒体的权威性、稳定性、专业性和内容制作方面的优势，建立若干以传播郑州城市文化、中原文化、华夏文明为使命的专业卫视频道、网站、APP，等等。同时，要充分发挥非官方传媒和个人自媒体灵活、敏锐、注重细节、接地气、数量众多、信息来源丰富等特点，引导和鼓励其参与城市文化生活和文化信息的传播。

第三，建构立体化的城市文化传播体系。鼓励杰出艺术人员、非物质文化传承人员和公共文化服务机构通过微博、微信公众号、媒介平台等多种方式，参与城市文化信息传播和文化空间的营构，形成门户媒体传播、专业机构传播和自媒体传播等媒介共同参与的立体化的城市文化传播体系。

第四，筹建专门性的城市文化传播测评机构，负责"一带一路"文化交流、中原文化复兴、华夏文明创新传承、城市文化形象营构、城市文化产业传播等领域的大数据统计和效果评估，进行趋势分析并提出建议。可以委托民间机构承担这一职能。

第五，把"走出去"传播、本土化传播和靶向传播融合起来，建立高效灵活、贴近"一带一路"国家当地文化特点的本地化传播模式，充分开发目标国家的本地媒体、本地语言，进行城市文化传播。

"一带一路"背景下，郑州城市文化传播还需要搭建体验传播体系。体验传播主要是针对外来游客的文化传播方式，强调个人体验的直接获取。搭建城市文化传播的体验平台，需要从两个方面着力。一是充分开发旅游体验传播体系。通过创意设计，环境搭建，氛围营造，城市物理空间建构等途径，让文化生命化、鲜活化、感触化，为游客创造浸入式体验，实现城市文化的体验式传播。二是建构城市文化的人际传播模式。通过城市文化资源的社区化、本土化、课程化传播，使公共文化服务机构、文化市场主体、普通公众都成为城市历史的活态承载者和传播者。

四　文化为魂：打造郑州文化传播的特色内容

"一带一路"不仅是开展国际经贸合作路线，更是不同国家和地区、不同民族之间文化艺术的交流与传播之路。民心相通，亲诚惠容，建立有机的文化交流机制，是"一带一路"倡议的重要维度。在"一带一路"背景下，郑州应自觉把握自身作为中原城市群文化传播中心、文化创意产业研发中心、科教中心、区域经济中心等优势，开发城市软实力传播的特色内容。这一特色内容包括两个互为支撑的层面：一是由郑州本土历史文化、中原文化和华夏文明所构成的特色历史文化内容；二是由当代郑州本土优秀文化和中原先进文化所构成的当代文化内容。历史文化特色内容的传播要向世界展示优秀传统文化对于中华民族生存发展的根基性意义，以及对世界的启示意义。当代文化内容的传播则应当向世界展现当代中原文化和中华文化所蕴含的奋发昂扬、开拓进取的时代风貌和优秀成果。

为了有效地传播这些特色内容，还需要充分开发文化传播的不同形态。例如，如基于郑州本土文化的文化创意产品开发，基于历史人物的影视传媒开发，基于文化遗址的旅游产品及信息数据的开发，基于中原乡土文化的教材的编写，基于传统文化经典的翻译活动，等等。

在这些特色文化内容的传播过程中，还应根据传播对象不同，采取针对性的价值引导策略，以提升传播效果。例如，对于中原城市群广大市民，应当加强对中原文化的精髓、当代价值和古今杰出人物的传播，树立人们的本土文化自豪感，激发人们自觉传承创新优秀本土文化的责任心；对于国内其他地区的人民，应当加强对中原文化的特色及其对华夏文明传承发展重要性的传播，以培养人们进一步深入了解、认识和体验中原文化的兴趣；对于港澳台同胞和海外侨胞，应当以促进人们的中原文化和中华文化认同为目标，加强炎黄文化、姓氏文化、宗亲文化等认同文化的传播；对于"一带一路"沿线国家，应当从加强文化交流，促进彼此文化认知和文明互鉴的角度，着力传播汉字文明、非物质遗产、中原历史文化题材影视、武术、中华美食、艺术等传统文化，增厚中华文明的吸引力。对于文明对话中的世界，郑州文化传播要通过影视传媒内容的生产，以及优秀传统文化经典著作的对外翻译出版，加强对中原文化及华夏文明的内涵和当代价值的阐释和传播。例如，中国古人在个人层面的弘毅、仁爱、立诚、舍生取义、明明德等价值选择；又如，自然层面的天人合一的价值原则；政治层面的大一统、大同、天下等价值追求和观念认知，等等。

习近平总书记指出，"一个民族、一个国家，必须知道自己是谁，是从哪里来的，要到哪里去，想明白了、想对了，就要坚定不移朝着目标前进"[1]。在"一带一路"背景下，郑州文化传播的一个重大使命就是向世界传播和讲述当代中国发展道路、发展模式和价值理念的历史文化根源、文化基因和未来指向，以及打造人命运共同体的必然之处。要通讲中国故事和艺术审美等方式，以古释今，以今参古，为当代中国的价值选择和道路选择提供文明基因的解释和文明对的话支撑。"对不同文明的文化基因考察，将揭示特定文明国家及其人群的特殊奥秘。换言之，需要从思想模式和价值观方面说明中国为什么是中国，中国人为什么是中国人。"[2] 在"一带一路"建设背景下，对外传播中原文化要能够有力促进世界对中国的理解，为中华民族的伟大复兴开拓良好的文化交往与文化传播环境。

五 内外兼修：让郑州成为中原文化和华夏文明的国际展示平台

在打造城市文化软实力的过程中，郑州作中原文化城市核心城市和传播中心，需要内外兼修，自觉担当中原文化和华夏文明国际展示平台的角色。

首先，要以打造文化郑州为目标，充分发挥郑州在文化科技、资本、教育科研、影视传媒、文化基础设施的综合优势，提升城市公共文化服

---

[1] 习近平：《青年要自觉践行社会主义核心价值观——在北京大学师生座谈会上的讲话》，《人民日报》2014年5月5日第2版。

[2] 叶舒宪：《神话观念决定论与文化基因说》，《吉首大学学报》（社会科学版）2017年第5期，第38页。

务水平,培育富有竞争和文化创意产业集群,营构活力充沛的城市文化空间。要不断优化旅游者的文化体验,使郑州成为中原城市群中具有强大文化影响力的样板城市。其次,郑州要自觉担当中原文化和华夏文明传播的主导者角色,引领中原城市群各自发挥本土文化资源优势,打造中原文化特色风貌之城和中原文化特色区域,共同推动中原文化和华夏文明有机传承与创新发展。再次,要打造数字郑州,建构中原城市群文化创意产业大数据平台,为中原文化和华夏文明传承创新提供决策依据和信息支撑。最后,要着力建构支持中原文化和华夏文明传承创新的功能平台:包括文化会展平台、演艺平台、出版与翻译平台、艺术品交易平台、文化版权交易平台、文化科技公共服务平台、文化遗产与文化基因大数据平台、文化传播公平服务平台,等等。要以这些平台为支撑,推动郑州成为具有全球影响力的中原文化和华夏文明传承创新中心。

第四节 创意郑州:文化郑州的目标样本

作为华夏文明传承创新中心和中原城市群的文化传播中心,郑州肩负着引领中原城市文化创意产业创新发展的使命。创意郑州是文化郑州的目标样本。打造创意郑州意味着同时要打造生态郑州、科技郑州、旅游郑州和幸福郑州。

一 创意郑州:文化郑州的目标样本

创意城市是20世纪90年代以来在全球出现的一种具有新特质的城市。创意城市理论强调创意阶层在城市中的创造性贡献,主张文化观念的包容性和文化形式的化多样性,强调城市创意基因,以及城市的活力和生命力。"创意城市概念所倡导的,是在城市利害人关系的运作方式中,深植文化创意的必要性。"[1]在创意城市理论倡导者的认识中,成功营构城市的创意氛围或创意空间是经营城市

---

[1] [英]查尔斯·兰德利:《创意城市:如何打造都市创意生活圈》,杨幼兰译,清华大学出版社2009年版,第3页。

的关键，而优越的资讯和媒介条件、相对发达的科技水平、丰富的本土文化资源和科技与艺术人才等因素，都是城市能够有"创意"的必要条件。

创意城市是一种典型的后工业时代的城市形态。它的出现，是后工业社会、后福特主义、学习型社会、知识经济等多种因素共同叠加的结果。发达国家老工业区和工业遗产的复兴、文化多样性观念的倡导、全球本土文化的兴起、网络社会的崛起等力量也都为创意城市的出现推波助澜过。

创意城市理论的提出实践是在20世纪90年代到21世纪初，同期恰逢文化创意产业在全球蓬勃发展。因此这一理论与文化创意产业理论一起，被全球众多国家和城市所接受，为推动全球城市发展模式创新提供了重要理论依据。在中国，创意城市理论为各个城市发展文化创意产业提供了有力理论指导和观念启迪。由于与"创新、协调、绿色、开放、共享"这五大发展理念有诸多的契合之处，创意城市的理论因而很快被官学产研究等各方广泛接受，并成为以北上广深等众多城市推动文化创意发展和实现五大发展理念的重要辅助工具。

创意城市的基础是创意产业。文化创意产业发展是互联网普及和数据技术不断突破的结果。在互联网发展早期，一些拥有高超互联网应用技术且思维无拘无束的人，将互联网技术与讲故事或艺术天赋联合起来，成为数字创意产业的先驱者，他们被称为"技术型波希米亚人"[①]。早期的互联网技术使普通人能够使用数字技术参与传统上专业机构才能完成的出版、广播、通信和影视制作，使以数字化方式参与文化生产的人员大幅增加，被称为"比特的长尾效应"[②]。随着互联网技术和各种新媒体技术的不断突破，传统的文化生产体系不断被打破，一种全新的文化生产系统正在形成。一方面，文化生产领域生产者和消费者相互融合，具有文化创意能力的生产性消费者成为文化内容生产的重要力量；另一方

---

① [英]彼得·霍尔：《文明中的城市》（第三册），王志章等译，商务印书馆2016年版，第1362页。

② [美]克里斯·安德森：《创客：新工业革命》，萧潇译，中信出版集团2015年版，第84页。

面，专业生产内容（PGC）和用户原创内容（UGC）相互合作的生产样态普遍化。由此，"人类历史上第一次出现了文化内容的创造者从小规模专业作者向大规模业余作者迁移的局面"[1]。

创意城市不仅是文化内容生产活跃的城市，也是创意性生产者"创客"汇集的城市。随着物联网技术和新媒体技术的进一步发展，出现了大量使用计算机桌面工具进行新产品设计并制作样品模型的"创客"。这些"创客"们在网络社区中分享设计成果、开展合作，并且根据自己的意愿自己运用先进的工业设备制造产品，或者"通过通用设计文件标准将设计传给商业制造服务商，以任何数量规模制造所设计的产品"[2]。正如用户原创内容（UGC）的出现标志着人类文化生产模式的重大变革，创客的出现也标志着人类工业生产模式出现重大变革，个人制造正在改变城市生活和工业形态。

郑州作为依托现代铁路交通发展起来的工商业城市，其经济规模、工业实力、科教水平、传媒影响力等优势在中原城市中独占鳌头，且拥有丰富厚重的历史文化资源。但与国内外一些知名城市相比，郑州在城市面貌、发展理念、创新能力和文化软实力等领域都显得中庸，缺少特色和魅力。无论是从建构城市文化软实力的角度，还是从优化城市文化形象、推动文化创意产业发展，以及开启郑州制造新时代的角度，打造创意郑州都显得十分必要。

打造创意郑州，需要从当代文化创意产业和创意城市发展的基本规律出发，对郑州进行文化资源、科技资源、创意资源、城市文化空间和文化生活等进行有机的搭建和塑造，使郑州成为一座能够高效释放文化创意活力、充分履行自身文化使命的创意城市。

——创意郑州应当是一座处处充满中原文化气息，时时展露华夏文明风采，文化遗产保护与开发并重，历史文化传承与当代创新共振的独一无二的华夏文明传承创新之城；

---

[1] 张晓明：《文化产业的新思路、新形势、新战略》，《人民论坛》2017年第S2期，第97页。

[2] [美]克里斯·安德森：《创客：新工业革命》，萧潇译，中信出版集团2015年版，第30页。

——创意郑州应当是公共文化服务全面覆盖,各类文化设施便利可及,市民文化娱乐活动丰富多样,艺术创造活动高度活跃的中原文化活力展现之城;

——创意郑州应当是文化创意产业繁荣发展,城市文化竞争力不断提升的创意之城;

——创意郑州应当是创意人才八方来聚、创意氛围无所不在,创意头脑处处相遇,创新思路与创意突破随时爆发的灵感涌动之城;

——创意郑州应当是文化创意的力量贯穿于新发展理念,文化的柔性渗透于治理过程的文化引领之城。

二 科技郑州:创意城市的科技支撑

创意是灵感的释放,但创意转化成创意产品、发展成产业却需要科技的强力支撑。创意城市是天然的科技之城,离开现代科技的支撑,创意城市只能沦为特色小镇。全球创意城市的第一梯队是纽约、伦敦、巴黎、东京这类世界城市。科技发达的上海、香港、首尔等城市,在全球创意城市中也只能算作第二梯队。国内外著名城市尚且如此,其他建设创意城市的城市更无理由忽略科技的引领作用。建设创意郑州,必须建设与之相匹配、为之提供支撑的科技郑州。

建设科技郑州,需要围绕以下几个方面着力。

一是大力发展文化科技。文化科技是提供优质公共文化服务和发展文化创意产业所必需的动力支撑。推动中原文化当代复兴、建构华夏文明传承创新中心,需要一流的文化科技来支撑。文化基因的提取和存储、文化物古迹的永久性保护、文化创意产业产品的开发、文化演艺节目的排演、影视动漫节目的制作、文化品牌的打造,无不需要最前沿的文化科技来支撑。

二是发展智慧城市科技体系。智慧城市的核心含义是通过现代通信技术、大数据技术、人工智能技术、生态工程技术、物联网技术等前沿技术,为城市的交通、生态、人居环境、物流与人流、市政管理与公共服务、医疗、居民健康与就医等事项提供高科技、智能化的管理和服务,完善城市治理。创意城市必然是智慧城市。建设创意郑州,需要加快发展新一代通信技术、大数据通信与储存在技术、人工智能技术等科技体系。

三是发展高端制造业科技和新兴战略产业科技，打造与国家中心城市综合影响力相匹配的科技实力。高端制造业与新兴战略产业是奠定郑州科技中心地位、发挥郑州科技辐射和带动作用的"定海神针"，会从长远的角度为创意郑州储存更活跃的创意能力。同时，高端制造业和新兴战略产业的发展，也是进一步提升郑州作为国家中心城市的综合实力的重要途径。

三 生态郑州：创意郑州的生态基础

创意城市是高度重视生态优化的生态城市。良好的生态是创意氛围形成重要空间条件。创意城市理论认，一个地区的人为与自然景观及生态多样性能激发灵感，孕育创意，是创意城市的"环境资本"①。创意城市首先是生态城市。打造创意郑州，先要建设生态郑州。

生态城市的核心理念是达成城市环境下生态环境的可持续性，强调城市空间中人与环境、人与自然的和谐共处。此外，还主张以自然环境的承载力为参照对象，对城市的生态指标、环境容量、人口容量等因此进行合理规划与控制，从而实现生态环境可持续条件下的城市发展。

生态城市建设还主张打造宜居、舒适、亲和的城市环境，使城市与人的关系更加和谐、更加亲近。生态城市的这一价值原则可以上溯到19世纪。1898年，英国人埃比尼泽·霍华德出版了《明日的田园城市》一书，针对当时英国城市发展中出现的过度拥挤、生活环境恶化等问题，提出城市建设要保持城市与乡村景观的有机融合的观点。他指出："事实并不像通常所说的那样只有两种选择：城市生活和乡村生活，而有第三种选择。可以把一切城市生活的优点和美丽，愉快的乡村环境和谐地组合在一起。这种生活的现实性将是一块'磁铁'，它将产生我们大家梦寐以求的效果——人民自发地从拥挤的城市投入大地母亲的仁慈怀抱，这

---

① [英] 查尔斯·兰德利：《创意城市：如何打造都市创意生活圈》，杨幼兰译，清华大学出版社2009年版，第33页。

个生命、快乐、财富和力量的源泉。"① 《明日的田园城市》奠定了现代城市规划的一条重要伦理基础,就是城市建设要以从人自身的价值需求出发,以人的需求为尺度,与自然环境高度融合。

改革开放以来,中国各地经济高速发展,人民生活水平不断提高,但同时城市建设中也普遍出现了环境污染、交通拥堵、地下水位下降、生态质量下降等问题。实现城市的可持续发展和人居环境改善成为各地建设生态城市的基础动力。党的十八届五中全会提出了"创新、协调、绿色、开放、共享"五大发展理念,其中绿色发展的理念与生态城市的发展理念在内在精神上契合度很高。绿色发展坚持保护生态环境,倡导人与自然和谐相处,以绿色低碳循环为主要原则,以生态文明建设为基本抓手,是建设生态郑州的重要理论依据。

生态郑州为郑州建设国家中心城市提供生态支撑。建设生态郑州首先要深刻认识"绿水青山就是金山银山"的重大意义。要以实现绿色发展为重要目标,不断提高郑州城市环境治理水平,打造山清水秀、宜居宜业宜游、城乡一体的美丽郑州。其次,要通过降低能耗,淘汰落后产能,产业升级,发展文化创意和新兴战略产业等措施,不断改善郑州城市环境。再次,要倡导简约环保的观念,大力推行绿色低碳、文明健康的生活方式和消费模式,并把这些观念和生活方式深入推广到学校、社区、企业、商场、公园、街道等城市生活空间和场景中,成为广大市民的基本规范。最后,要把生态郑州建设与推动中原文化复兴、打造华夏文明传承创新中心结合起来,从传统文化和历史文明中借鉴当代生态文明建设的思想资源,打造具有郑州本土特色的城市生态文明。

四 旅游郑州:创意郑州的魅力指数

创意郑州的目标是建设一座充满创意和创新活力的文化之城、科技之城和生态之城,也包括建设一座充满魅力的旅游之城。打造世界级旅游名城,一直是郑州的奋斗目标。但是,由于长期以来旅游发展策略失

---

① [英]埃比尼泽·霍华德:《明日的田园城市》,金经元译,商务印书馆2016年版,第6页。

当、投入不足、产品开发不力、优秀品牌缺乏等原因，郑州旅游产业长期停留在以文化遗产观光为主导内容的阶段，体验式旅游等深度旅游产品较少，发展水平与各方的期待都有一定差距，旅游人数、旅游收入甚至长期落后于洛阳。

在"一带一路"和建设国家中心城市的背景下，郑州市需要突破现有格局，对旅游业深度开发，进而提升创意郑州的文化魅力。

为实现这一目标，一是要对郑州旅游文化身份进行再定位。要突破行政界线对郑州发展旅游业的约束，将郑州提升到"一带一路"国际旅游重要目的地、中原文化和华夏文明传承体验旅游核心目的地、中原城市群旅游集散中心和旅游首选目的地以及中原城市群旅游文化研究中心、旅游产业投资开发中心等地位，从位势上奠定郑州在中原城市群中无可撼动的国际化旅游产业龙头地位，从而使郑州一举跳出"汴洛夹击、前后分流"的长期困境。

二是进行郑州旅游文化资源的再开发。要全面提升郑州旅游产品文化内涵和体验深度，使郑州旅游产品开发的整体水平向一线国际旅游城市看齐。

三是对旅游文化设施进行全面提升。要运用最新文化科技和材料科技、信息科技等手段，对郑州旅游文化设施进行全面提升，全面打造国内一流、国际领先的文化旅游设施体系，为到郑州的旅游者创造一流的文化体验。

四是全面优化旅游的文化空间。要把郑州城市旅游形象提升及城市文化空间塑造密切结合起来，通过精细化设计、差别化呈现、区域化特色、高科技表现等方式，打造具有鲜明文化个性的城市生态景观与人文风貌。坚持贯彻宜人、可接近、可体验、可互动、可延伸等原则，使郑州成为国内体验指数较高的旅游城市。

五是全面提升郑州旅游服务水平。要从旅游产品营销、景区休憩设施建设、酒店预订与入住服务、餐饮服务、旅游交通服务等旅游服务的全链条着手，制定并推行高标准的旅游服务规范，使郑州成为引领中原城市群旅游服务标准样板城市。

五 幸福郑州：传统文化与现代生活高度融合的城市生活

建设幸福城市是当代城市治理的重要目标。在哲学的意义上，幸福来源于人对自身的德智或生命不断完善过程中的体验。获得幸福的前提是免于恐惧和短缺。从城市治理的角度，幸福就是要提供必要的福利保障或者公共服务产品，使人们感受到健康、安全、自由的有效保障，从而可以专注于自身完善和社会地位的提升。

21世纪初，在建设服务型政府的目标引导下，幸福城市的概念陆续被国内上百个地级以上城市引入施政目标。幸福城市的提出有着深刻的时代背景。21世纪第一个10年，中国改革开放已经进行了30年左右。长期致力经济发展使中国经济发展取得了巨大成就，告别了短缺时代。但是，人民特质生活提升的同时，社会治理并未充分跟进，分配不公、环境污染、社会保障缺失、普通民众缺乏尊严感等诸多矛盾日益突出。全社会都在期待一种更为优化的社会发展理念和治理方式。幸福城市正是在这种背景下进入中国城市治理体系之中的。

"幸福城市"的核心是改善民生保障，促进人民群众的获得感和幸福感。这一目标被具体化为居民收入增长、生态改善、人居环境优化、环境治理、公共安全、公共医疗体系完善、公共教育服务、公共文化服务等社会保障体系的建立、迁移自由的提升等。

幸福城市建设的热潮标志着中国城市治理的基本伦理从体现政治权威转向以人为本，从以经济为中心转向以经济增长与民生改善相协调为中心。"执政为民""以人民为中心""让人民生活得更加幸福、更有尊严"，都是幸福城市建设的基本价值取向。对这一价值取向更为诗意的表述是2010年上海世博会的主题：城市，让生活更美好。

在建设幸福郑州的过程中，郑州市既要不断增强城市经济实力，持续完善各种民生保障体系，让广大市民具有充分的保障感和获得感，又要持续提升各类服务的水平和质量。要把推动中原文化复兴和建设华夏文明传承创新中心融入城市生活的方方面面，建设传统文化与现代生活高度融合的城市生活，不断增强广大市民的幸福感。

在当代城市治理的诸多因素中，文化发展直接诉诸人的精神世界，又能增进人们在选择上的自由，影响着人们的幸福体验。建设幸福郑州，一方面要发展文化创意产业，使广大市民充分享受现代科技和文化创意产业带来的文化生活和科技生活；另一方面要保护和弘扬郑州的节庆、传统仪式、民间故事、方言、地方美食、审美偏好等本土文化脉络，使人们与传统生活和地方特色文化保持有机的联系。

无论是创意郑州、科技郑州、生态郑州，还是旅游郑州，都在保护和促进郑州本土文化在日常生活中的根系性传承，都在促进传统文化和历史文明的诗性激活，都在支持中原文化和华夏文明与当代文化创意产业的跨时空对话。在文化的意义上，它们指向同一个目标：建构幸福郑州的文化生活。

在华夏文明与当代郑州日常生活的对话过程中推进华夏文明的创造性转化和创新性发展，这是对华夏文明和郑州本土文化最好的传承，也是幸福郑州的文化基础。

第六章

黄帝文化传播与郑州文化建设

一切历史都是当代史。文化的现代性在于"创造性转化",在于传播和认同。历史文化的传承发展需要重构仪式化的记忆,更需要融入当代人的现实生活之中。黄帝是中华民族的先祖,绵延数千年的黄帝文化对中华文明做出了突出贡献。郑州已经确定为国家中心城市,如何发挥区域核心带动作用,特别是发挥文化对于城市的塑造、支撑、引领作用,必须找到统领性文化和影响力最大的文化。正基于此,发挥黄帝文化的品牌带动作用,产生广泛的传播和认同效应,是郑州城市文化发展的关键。

在全球化的背景下,世界各国的竞争,既是经济的竞争,也是文化的竞争。各国的发展,最后都要体现在文化价值观的广泛影响上。我们认为,跨文化传播与文化认同,已经成为当今世界各国努力的方向。每个国家除了参与激烈的经济竞争,同时,也在文化方面寻求并确立自己的精神标识。这种精神标识既来自这个国家悠久的历史和厚重的文化积淀,又不同于其他国家和民族的文化,它是构成一个国家文化自信和软实力的重要源泉。德国哲学家尼采曾指出:"每个人和每个国家都需要对过去有一定了解……"[①] 《左传·成公十三年》云"国之大事,在祀与戎",祀即祭祀,戎即战争。祭祀为文治,战争为武功。文治与武功是国家两件重要的大事,而文治在先,武功在后,说明文治的重要性。"祀"

[①] [德]尼采:《历史的用途与滥用》,陈涛、周辉荣译,上海人民出版社2000年版,第27页。

包含了慎终追远，寻根拜祖，是中华民族的历史传统与希望寄托。黄帝故里拜祖大典作为中国传统文化的现代传承仪式，对郑州国家中心城市文化建设及整个中华民族的文化建设具有十分重要的作用。

第一节 黄帝文化在郑州文化及中国文化中的位置

从历史来看，郑州主要有五大文化：黄帝文化、商都文化、黄河文化、少林文化、嵩山文化。从现代来看，郑州还有铁路文化、纺织文化。郑州文化可谓历史悠久、资源丰富，但对于一个城市来说，文化发展不能平均用力，而要突出重点，找到突破口。

在郑州众多的文化中，黄帝文化是根源性文化、引领性文化、支柱性文化、关键性文化。通过黄帝文化带动，特别是黄帝拜祖大典这样的文化品牌，可以将其他文化整合起来，形成整体发展优势和传播优势。

从河南看，其他地方也有黄帝文化和各个地方的地域文化，但文化发展缺少龙头带动，在全国层面讲，还没有形成特色和优势。如果将郑州的黄帝文化建设作为中原文化发展的龙头，可以整合其他地域文化资源，也彰显了郑州作为省会城市的地位。郑州既是郑州人的郑州，又是河南人的郑州。中原文化看郑州，郑州文化是龙头。

同样，全国其他地方也有黄帝文化，如陕西、甘肃、山东、河北、浙江等地，但只有新郑是黄帝故里，其地位和影响是其他地方无法相比的。郑州是全国黄帝文化的正根、正道、正宗、正源。在文化建设上也要讲守正创新，但守正是创新的前提。

就中华文化而言，黄帝文化是根源性文化、发端性文化、初始性文化。黄帝是"人文始祖""人文共祖"。庄子说："世之所高，莫若黄帝。"司马迁著有《史记·五帝本纪》，他说，神农氏以前的事他不了解，在《史记》中不写燧人、伏羲、神农"三皇"之事。他写《五帝本纪》，作为中华历史的开篇。"五帝"即黄帝、颛顼、帝喾、唐尧、虞舜，"五帝"之首就是黄帝。根据《史记·五帝本纪》记载，"黄帝者，少典之子，姓公孙，名曰轩辕。"他的主要功绩是统一了各部落，实现了中华民族的统一。"轩辕之时，神农氏世衰。诸侯相侵伐，暴虐百姓，而神农氏弗能征。于是轩辕乃习用干戈，以征不享，诸侯咸来宾从。而蚩尤最为暴，莫能伐。炎帝欲侵陵诸侯，诸侯咸归轩辕。轩辕乃修德振兵，治五气，艺五种，抚万民，度四方，教熊罴貔貅䝙虎，以与炎帝战于阪泉之野。三战，然后得其志。蚩尤作乱，不用帝命。于是黄帝乃征师诸侯，与蚩尤战于涿鹿之野，遂禽杀蚩尤。而诸侯咸尊轩辕为天子，代神农氏，是为黄帝。天下有不顺者，黄帝从而征之，平者去之，披山通道，未尝宁居。"① 今天，通过中华文明起源的考古研究②，认定黄帝时代距今有五千多年。中华儿女称中华文明源远流长，有五千多年的悠久历史，理所当然。

即使到了现代，黄帝在人们心目中仍然具有崇高的地位。作家鲁迅在《自题小像》中写道："灵台无计逃神矢，风雨如磐暗故园。寄意寒星荃不察，我以我血荐轩辕。"在这里，"轩辕"就代表了中国，中华民族。意思是说我要用我的血来表达对中华民族的深爱。中华民国成立后，孙中山就任临时大总统即派员赴黄帝陵祭祀，留下"中华开国五千年，神州轩辕自古传，创造指南车，平定蚩尤乱，世界文明，唯我有先"的祭祀词。抗日战争时期，国共两党同祭黄帝，毛泽东亲笔写了《祭黄帝陵文》，文中说："赫赫始祖，吾华造肇……建此伟业，雄立东方"。2015年2月，习近平总书记到陕西视察工作，指出"黄帝陵是中华文明的精神标识"。中华文化要寻根，必然要提黄帝文化。对此，我们应有这样的认知："不论树的影子有多长，根永远扎在这里。"不论中国历史的长河

---

① 司马迁：《史记·五帝本纪》。
② 中华炎黄文化研究会王大良："从考古学的角度看，郑州的黄帝特色文化也有考古学基础。郑州境内很早就发现了仰韶文化和裴李岗文化遗迹，证明确有古人活动。前举新密古城寨遗址、黄帝宫一带的发掘都与黄帝时代有关，另如新密岳村镇李家沟遗址、新郑裴李岗遗址、观音寺镇唐户遗址、郑州大河村遗址、青台遗址也大都属于黄帝时代的文化遗址，唐户遗址所处的南河和九龙河交汇的夹角台地还相传为'黄帝口'，其遗址也被认为是黄帝及其父亲少典的有熊国所在地。另外，从20世纪8年代末开始，考古学者在具茨山风后岭及其附近发现了3000多幅岩画和岩刻符号，内容包括人像、凹穴、网格、沟槽、线条、符号等，被认为是黄帝当年的文化遗存。再者郑州惠济区古荥镇孙庄村发现的距今5300—4800年的西山城址，被确定为仰韶时代早、中、晚三个时期的文化遗址，也是黄帝时代有代表性的遗址，也因此被专家称为黄帝时代的城址，为黄帝文化在郑州提供了有力的考古学证据。"《郑州黄帝特色文化品牌打造若干问题思考》，郑州师范学院编《郑州特色文化品牌建设学术研讨会论文集》，2018年3月，第73页。

多么久远，它的源头都在中原。

第二节　传承和弘扬黄帝文化的重要性

黄帝是中华民族的缔造者和中华文明的肇启者，而黄帝拜祖大典是打开中国文化走向世界的窗口，是中华早期文明最重要的精神标识。今天我们倡导的"一带一路"倡议，"中国文化走出去"，"向世界讲好中国故事"，"文明互鉴"，"文化交流"，建构"人类命运共同体"，确立其他国家对于中国的文化认同，不能不讲黄帝。

弘扬中国传统文化，寻找历史记忆，追寻历史根脉，增强中华民族的文化自信，提升中华文化软实力，建设社会主义文化强国，需要讲黄帝文化。《大学》首章云："物有本来、事有始终、知所先后、则近道矣。"中华民族不能忘本，应有感恩意识。《华严经》云："不忘初心，方得始终。"中国梦的实现，一定要不忘本初。"民族记忆、历史的记忆是中华文化的储存箱，而重要的民族记忆都离不开仪式的承载和传播。记忆、仪式与传播之间相互辅助、共存共生。因此，河南新郑黄帝故里每年举办的拜祖大典可以看做是一种记忆的仪式传播，它在传承传统文化、强化历史记忆、建构文化认同、增强民族凝聚力方面发挥着重要的作用，有着不可忽略的传播意义和价值。"[①]

化育百姓，礼乐治国，不能不讲黄帝文化。黄帝拜祖大典的意义即通过礼乐的形式，教育人民。《礼记·乐记》中说："乐者，天地之和也；礼者，天地之序也。和故百物皆化，序故群物皆别。"礼序乾坤，乐和天地。所以，"大乐与天地同和，大礼与天地同节"。孔子也说："道之以政，齐之以刑，民免而无耻；道之以德，齐之以礼，有耻且格。"（《论语·为政》）"礼之用，和为贵。"（《论语·学而》）黄帝时期的礼制思想既奠定了稳定的政治秩序，也奠定了人伦日常生活秩序。黄帝时期的音乐创造，也具备辅助政治、陶冶人心的作用。黄帝之乐《咸池》，

[①] 张兵娟：《记忆的仪式：黄帝故里拜祖大典的传播意义与价值》，《郑州大学学报》2012年第4期。

通乎神明之德。"礼乐制度"中的"礼",用来规范人的行为;"乐",用来陶冶人心。用制度规范人的外在行为,用文学艺术陶冶人心,以此培养人精神中的高贵品格,从而推进了中国文明的进程,使中国发展成为"礼仪之邦"。

图 6-1 伏羲山,原名浮戏山,中华文明发源地,位于河南省郑州市西南古城新密市境内,最高海拔 1108.5 余米。人文始祖伏羲女娲曾在此正姓氏、演八卦、置嫁娶、开创中华文明起源

资料来源:郑州市人民政府网站。

解决中国人的文化认同问题,不能不讲黄帝文化。中国社会科学院考古研究所原所长刘庆柱认为,认识中国有三个角度,即历史、文化和政治。从历史角度说,"中国"在空间上、在时间上,是一个发展变动的"中国";从文化认同上说,中国是一个边缘虽然有点模糊但核心区域相当清晰和稳定的文化共同体;从政治制度上说,"中国"常常指的是一个王朝或一个政府。中国的王朝和边界是变动的,但是丝毫没有改变中心区域文化认同的清晰与稳定。决定中国历史的根本尺度是文化与文化认同。这就是陈寅恪的"种族与文化"学说的基本思想——"民族的本质

不是血缘而是文化"①。黄帝文化在历史、文化、政治三个维度都获得了高度认同，弘扬黄帝文化对于培育中华民族的凝聚力、向心力、爱国心都有重要意义。

黄帝文化是中华文化的根脉和民族精神的源泉。河南作为全国有影响的文化大省，要建设"华夏历史文化传承创新区"、建设全国有影响的文化高地、建设文化强省，需要弘扬黄帝文化。

郑州建设国家中心城市，除了经济发展，还要注重文化发展，突出城市特色、彰显城市个性、打造城市品牌、涵养城市气韵、增强城市核心竞争力、提高城市知名度，需要大力弘扬黄帝文化。

第三节 当前黄帝文化传播面临的问题

一 黄帝文化传播理论体系建构比较薄弱

黄帝文化不仅在国内存在着竞争，就是在国际层面上也存在着竞争。要获得文化传播的主动权、话语权，就需要建构和确立系统而完备的文化理论体系。从这一方面说，以往我们只注重了形而下的传播（黄帝拜祖大典），而没有关注形而上的传播（黄帝文化所体现的思想价值和核心理念）。黄帝文化理论体系建构薄弱是黄帝文化传播的重大缺陷。

二 黄帝文化传播主体过于单一

就目前而言，黄帝拜祖大典主要还是政府主导、政府组织、政府行为，而民间参与的积极性、普及性、渗透性、大众性不高。政府文化与民间文化整合、融合、结合不够，没有形成文化传播的合力。政府主体与民间主体缺乏相应的对话与互动。目前黄帝拜祖大典的影响还没有濮阳庙会的影响力大。同样是人文始祖，伏羲在濮阳的知名度很高，庙会参会人数最多时达 80 万人，从阴历二月二到三月三，持续一个月，对伏羲的祭拜都是老百姓自发的，由此形成的民俗文化具有强大的文化传播

---

① 刘庆柱：《周承夏商：奠定中华文化根基》，《中国社会科学报》2017 年 7 月 16 日。

力。相比而言，黄帝文化的民间传播基础相对薄弱，时间也太短，影响力有限。

三　黄帝文化传播缺少载体与氛围

郑州的黄帝文化只是在新郑和黄河游览区才能看到，其他地方看不到。老百姓感受不到黄帝文化的存在，还因为历史久远，人们缺少对黄帝文化的认知和亲近感。从时效性看，黄帝文化传播也只是在每年农历三月三前后的媒体上看到，平时在媒体上很难看到。文化传播只有点，没有面，缺乏延续性；只求短期效应，而无长期效应。

四　黄帝文化传播缺少丰富多样的文化产品

黄帝文化虽然非常重要，有很高的知名度，但仅仅停留在每年一度的拜祖仪式层面，而缺乏多样性的文化产品渗透。比如宣传品、纪念品、影视、动漫、游戏等产品开发很少，特别是针对青少年传播的文化产品和文化活动更少。别的地方已经开发出电视剧《英雄时代·炎黄大帝》（2013年）、电视剧《远古的传说》（2010年）、游戏《轩辕剑》（1990年）、《轩辕传奇手游》（2017年），郑州还没有开发任何文化产品。与黄帝有关的三次战争阪泉之战、冀州之战、涿鹿之战是非常好的影视题材，也没有得到有效开发。文化资源处于闲置状态。景点老旧，内容单调，缺乏吸引力，文化与旅游没有很好地结合。

五　黄帝文化传播缺少丰富多样的文化活动

从1992年新郑主办炎黄文化旅游节，到2006年升格为拜祖大典，到今年再次成功举办黄帝故里拜祖大典，时间已经过去了26年。这26年尽管从内容到形式一直在变化，但基本思路还是"文化搭台，经济唱戏"，开展黄帝文化活动的目的是招商引资。不能说这样的思路不对，但这样的思路过于急功近利，过于注重当下。因此，每年的大典活动成了名人秀、商人秀，大典的活动在很大程度上变成了商业活动。地方政府更看重投资洽谈会签订了多少亿的合同，而不太关注黄帝文化对于人们日常生活的丰富性。原本农历三月三所承载的丰富的文化意蕴、文化风俗、文化仪式被简化，被遗忘。"三月三"在百姓中心目中失去了应有的吸引力。

第四节 黄帝文化传播的思考与建议

一 加强黄帝文化传播的理论体系建构

（一）重视研究黄帝文化的核心价值

黄帝文化的核心是"和"。讲天、地、人的和谐。讲天下一家、协和万邦、大同世界。对于国内讲，是民族融合，对于国外讲，是协和万邦。因为没有黄帝，就没有中华民族的统一。没有黄帝，各部落可能永远处于纷争之中。从黄帝的执政理念看，他追求：以德治国、修德振兵、德施天下、惟仁是行。黄帝文化精神可以概括为：开创进取精神、利民奉献精神、俭朴自律精神、团结凝聚精神。从城市文化的传承看，今天郑州的大同路、敦睦路、德化街、太康路，这些街道的名字本身就有很好的文化传播价值，可以说，它是黄帝文化的具体体现。

（二）重视研究黄帝文化与儒家文化、道家文化的关系

儒家强调的血缘关系、宗法社会、家国意识、礼乐思想，与黄帝文化有关。道家强调的天人合一、顺应自然、尊重自然、道法自然，与黄帝文化有关。黄帝作为人文始祖对于后世的影响，特别是对于中华民族的主干文化影响是巨大的。"儒道互补"、内外兼修、进退自如、追求和谐、道法自然，这些都可以从黄帝文化中找到源头。徐光春先生在《谈谈炎黄文化》一文中指出："仁"与"礼"是儒家学说的核心。黄帝为人处世从政，以仁为本，以礼为制，在这方面历史上有很多记载和传说。《韩诗外传》说："黄帝即位，施惠承天，一道修德，惟仁是行，宇内和平。""无为"是道家学说的核心。"无为"的本意是顺其自然，要求人们做一切事情都要顺应事物发展的规律。《黄帝内经》中的一些思想与道家鼻祖老子的思想十分接近，历史上称为"黄老之学"。《庄子·知北游》说："黄帝曰：'无思、无虑始知道，无处、无服始安道，无从、无道始得道。'"庄子用黄帝的言论来宣传道家的思想。可见，黄帝重视文化、重视思想道德建设的精神，是中华民族优秀传统文化得以传承发展的重

要因素。①

(三) 重视研究黄帝文化对于中华文明的贡献

黄帝对中华文明的贡献。物质文明：在改造自然、发展生产、改善民生中所创造的物质成果，如挖水井、制衣裳、烧陶器、造舟车、建宫室、吃熟食、做兵器以及发展农业、畜牧业、纺织业、手工业、冶金业，等；精神文明：在思想、政治、道德、文化、科学、教育等方面取得的精神成果，如行慈爱、讲仁义、修德政、用能人、求和平、定礼节、造文字、作音律、创图画、编历法、重教化，等等。这些物质文明和精神文明成果泽被后代，影响深远。河南省社会科学院研究员卫绍生认为："黄帝是中华民族的血缘始祖和人文始祖，中国早期国家形态的奠基者，在中华传统文化中有着无与伦比的崇高地位。黄帝是中华民族的精神象征和文化符号，也是维系海内外华人家国情怀的情感纽带。黄帝及黄帝文化对提高中华民族的文化自信和文化自觉，增强中华民族的国家认同和文化认同，对实现中华民族伟大复兴的中国梦，具有不可替代的时代价值和现实作用。"②

(四) 重视黄帝拜祖大典的仪式传播

文化需要一定的仪式才能传播。仪式是形式，没有一定的形式，也就没有一定的内容，内容是靠形式存在的，而内容与形式总是有机地结合在一起的。同样，如果没有庄重的仪式，节日就会与庸常的日子无异。正如美国民俗学家阿兰·邓迪斯所说，日常生活中，时间线性流逝，而节日就像这条线上的刻度，有了度量才有意义。仪式是让平凡日子发光的魔法，正是因为有了这些仪式，生活才显得庄重，才更有纪念意义。法国作家圣埃克·絮佩里说，仪式感，就是使某一天与其他日子不同，使某一时刻与其他时刻不同。黄帝拜祖大典安排在每年农历的三月三，意在唤起人们心中对于历史和圣贤的崇敬感、庄严感、神圣感。③

---

① 徐光春：《谈谈炎黄文化》，《光明日报》2018 年 7 月 21 日第 11 版。
② 卫绍生：《黄帝故里拜祖大典升格为国家祀典的建议》，郑州师范学院编《郑州特色文化品牌建设学术研讨会论文集》，2018 年 3 月，第 91 页。
③ 《年味儿变淡？大数据揭示山东人最讲究春节"仪式感"》，2017 年 2 月 6 日，中国新闻网 (http://www.chinanews.com/life/2017/02 - 06/8141748. shtml)。

大典仪式：盛世礼炮、敬献花篮、净手上香、行施礼拜、恭读拜文、高唱颂歌、祈福中华、天地人和。

氛围设计：色彩设计、景观设计、区隔功能设计、音乐设计、服装设计、宣传主题设计。

媒介仪式：媒体聚焦，电视、报纸、网络媒体呈现，专家解说，受众情感共鸣，多方互动。

分类仪式：官方仪式、民间仪式；有形祭拜仪式、虚拟数字化仪式。

自2006年在郑州举办黄帝拜祖大典以来，这些仪式已经延续了十几年，在海内外产生了深远影响。但是这些仪式有的做得到位，有的还不到位。从传播媒介、传播内容、传播过程、传播效果、传播方法，都有待于进一步提升和改进。

（五）重视黄帝文化与国家大典、"一带一路"传播

目前黄帝故里拜祖大典是国家级非物质文化遗产，已经获得政府的认可，但是这一大典如果要获得国家影响力，还必须具有更高规格，如果能上升为国家大典，如果能成为世界非物质文化遗产项目，它的影响力将是全世界的。

中央文史研究馆馆员、清华大学教授李学勤认为，"在新郑黄帝故里举办的拜祖大典是有充分的历史支持，不是空说的。从文献记载、中国历史传统、民间传说来看，都有充分的支持。常常有人问我黄帝跟新郑的关系从什么时候开始，我觉得至少从西晋时期皇甫谧讲'有熊，今河南新郑也'就开始了。如果把黄帝时代作为中国文明起源和早期发展代表性符号的话，那么在新郑这个地方拜黄帝更是当之无愧的。不管是从传世文献还是考古文物来说，都有充分的支持"①。

河南省社会科学院历史与考古研究所所长、首席研究员，河南省炎黄文化研究会常务副会长张新斌认为："中华人文始祖中最具代表性者为黄帝。黄帝作为中华人文始祖的代表，是当之无愧的。二十四（五）史作为官方文献的代表，反映了国家的历史，这套文献以《史记》为首部，《史记》中的首篇为《五帝本纪》，五帝则是从黄帝开始的。黄帝作为中

---

① 李学勤：《黄帝故里拜祖大典的特点》，《光明日报》2015年9月7日第16版。

华人文始祖，其贡献是综合性、全方位的。黄帝的贡献较之炎帝的单一贡献更加全面，较之伏羲的初创更加成熟。黄帝作为上古时代的符号，不仅是一个相对广阔的部族联盟首领，其所体现的文化特点，如国家的一统性、政体的开创性、文化的创造性、思想的代表性，都与后来中国的发展以及中国特色的形成有着十分密切的联系，尤其是后世所构架的民族血缘谱系均与黄帝有着密切的关联。数千年来，黄帝与中华民族的人文与血脉传承，是其他人文始祖所无法比拟的。因此，把对黄帝的纪念作为对中华人文始祖的国家纪念活动，应该是恰如其分的。"①

黄帝文化传播的宗旨：传播中国符号、中国形象、中国故事、中国精神。黄帝文化符号在整个中华文明体系中，是最有名的，认同度是最高的，同时，它有故事，生动、形象，更重要的是黄帝文化能够代表中华文明、中国形象、中国精神。

历史上，中国"一带一路"对外传播的主要文化是：陶瓷、丝绸、茶叶，这些在黄帝时代就已产生，而且与中原历史文化关联密切。

黄帝文化需要与中国传统功夫文化、姓氏文化、汉字文化、图腾文化、古代礼乐文化、诗词文化、绘画文化、饮食文化、中医文化、戏曲文化、民间工艺文化等"协同传播"。黄帝文化不是单一的，它对后世中华文明的影响是巨大的，黄帝文化是根，是源，其他文化是干、是枝、是叶、是流。如果将黄帝文化的整个源流理下来，黄帝所代表和衍生的文明是大规模的、影响深广的，因此，采取"协同传播"的方式，能将黄帝文化传播多样化、系统化、丰富化。同时，黄帝文化不仅仅是郑州的，还是河南的，中国的，更是世界的。正基于此，黄帝文化宣传的主题是：同根、同胞、同源；和平、和睦、和谐。

（六）厘清黄帝文化中的三个关系

第一层关系，黄帝文化与中国当代文化的关系：如何将中国传统文化传承与转化为当代文化，如何体现"创造性转化与创新性发展"的原则；第二层关系，黄帝文化与世界文化的关系：如何面向世界，为世界提供共同价值，如何体现和传播"和而不同""协和万邦"的文化理念。

---

① 张新斌：《文化强国战略视域下的黄帝故里拜祖大典》，《河南日报》2016年4月6日。

如何建立"人类命运共同体",如何建设"人类精神共同体""价值共同体";第三层关系,黄帝文化与马克思主义的关系:如何与主流文化对接,为社会提供核心价值,如何将传统的"仁、义、礼、智、信"与社会主义核心价值观有机地结合在一起。在本体论、认识论、价值论三个维度,黄帝文化与马克思主义有何相通之处。黄帝文化如何面向现实、面向未来、面向世界。

二 加强黄帝文化与民间文化传播结合

挖掘民间文化资源:黄帝传说、黄帝祭拜、黄帝宫、黄帝偶像、黄帝信仰。开展民间节日活动:举办黄帝庙会,可将每年三月三定为黄帝庙会,集民间祭拜、商贸交易、文化娱乐于一体;举办姓氏寻根仪式:建设中华姓氏文化博物馆、举办姓氏寻根活动、召开客家恳亲大会、举办华人华商联谊会,让百姓广泛参与,共同祭拜黄帝,黄帝拜祖大典与民间仪式要互联、互动、互补。

三 加强黄帝文化的符号与载体传播

符号再造:黄帝塑像、黄帝形象设计、黄帝故事。空间再造:黄帝公园、黄帝大道、黄帝广场;嵌入传播:借助火车站、汽车站、地铁站、街道、建筑、学校、企业等公共空间传播黄帝文化;公益广告传播:政府、企业、事业单位资助黄帝文化公益广告传播;新媒体传播:网络直播拜祖大典、微信公众号、微信群、VR虚拟体验黄帝文化、黄帝文化小游戏、黄帝文化表情包等。

四 加强黄帝文化产品的开发

一是文旅结合,开发有关黄帝文化的旅游纪念品、文创商品、礼品,以黄帝文化带动郑州其他景点,形成全域旅游格局;二是文娱结合,建造黄帝文化主题公园、打造黄帝文化景区、开发影视剧、动漫、游戏产品,组织以黄帝文化冠名的各种文化活动;三是文产结合,打造以黄帝品牌为支持的文化产品体系,以百姓日常生活需求为切入点,如服饰、婚礼、美食、观光、养生、休闲,民宿、主题酒店、旅游,开发具有市场号召力的文化产品和文化服务。

五 恢复并开展丰富多样的文化活动

传统的三月三,除了拜轩辕,还有与黄帝文化、民俗文化相关的许多活动。中国古代第一部诗歌总集《诗经》中,有一著名的诗篇名叫《国风·郑风·溱洧》,描写的就是郑国三月上巳节青年男女在溱洧河畔游春相戏、互结情好的动人场景。毫无疑问,《诗经》中浪漫的溱洧诗篇,描述的就是黄帝家乡的风俗。"祓禊"作为春日特定习俗流传千年,魏晋时期的"兰亭雅集"中的"修禊事也""曲水流觞"就与此相关。春日浪漫,春情萌动,文人雅集,诗文相乐,这种浪漫主义的文化传统何尝不是黄帝拜祖大典庄重文化的补充和延展?孔子的《论语·先进》所载:"莫春者,春服既成,冠者五六人,童子六七人,浴乎沂,风乎舞雩,咏而归。"古人如此重视暮春三月,除了游春玩乐之外,还因为在这个时节里,万物复苏,意味着农事的开始,官吏们也在此时"劝农"。中国节日文化中许多习俗都与农时和农事有关,河南是中国的粮仓,当之无愧的农业大省,更是整个中华农耕文明的接续者。今天我们在纪念黄帝时,应该将与农时农事相关的仪式和习俗恢复起来,以此丰富大典的内容。黄帝为什么被尊奉为中华民族的共同始祖?就是因为他完成民族统一,实现民族融合。今天中国56个民族的"多元一体,一体多元"民族大团结的局面形成,有黄帝的功劳。布依族、壮族、侗族(花炮节)、畲族(乌饭节)、瑶族(干巴节)等民族在三月三的许多节日习俗都很有特色。我们是不是应该把一些具有独特民族风情且充满观赏性的表演引进其中?是不是要用更多的方式和手法表达这个民族发源地的包容和多元?这或者是作为民族发源地的河南需要的拜祖大典。因此,农历三月三恢复并开展丰富多样的文化活动,将有助于黄帝文化的更好传播。

六 提升现有传播平台水平

提高拜祖大典的规格。建议把每年农历三月三举办的新郑黄帝故里拜祖大典由河南省主办升格为国家祭拜,明确每年农历的三月三为国家公拜轩辕黄帝日;把农历三月三定为"黄帝文化节",全国放假一天。站在国家文化建设高度，站在传承发展中华传统文化高度，把郑州黄帝拜祖大典建设列入国家重大文化建设工程，使其成为全球华人拜祖圣地、中华民族精神家园、中国传统文化的精神标识。申报世界非物质文化遗产项目，祭拜黄帝仪式自古就有，郑州黄帝拜祖大典具有悠久的历史渊源，且全国不少地方也都有相似的纪念仪式，可以通过整合的方式，申报世界非物质文化遗产。加强组织领导，建议拜祖大典由文化部主办，河南省、郑州市承办，成立专门常设机构负责此事。每年一次举办黄帝文化国际论坛。横向联合，结成文化传播共同体。与陕西、甘肃、山东、河北、浙江等地联合，形成黄帝文化联合体，建设黄帝文化传播共同体，创意策划，同步传播，形成更好的传播效果，为传播黄帝文化做出更大的贡献。

  香港中文大学著名学者金耀基认为，"文化现代化是一场庄严、神圣的运动，不只忠于中国的过去，更忠于中国的未来，不只在于解救中国传统面临的危亡，更在于把中国的过去推向更成熟的境地"[①]。当前，中华文明的建构与传播也需要从历史中挖掘资源、寻找动力。既不忘传统，又面向未来。通过对于传统的"创造性转化"，实现民族文化的现代化。而在区域传播与国际传播中，更需要重要人物作为标志、作为引领。因此，黄帝文化的传播对于郑州城市文化建设乃至中原文化、中国文化传播都具有重要的现实意义。

---

① 金耀基：《从传统到现代》，中国人民大学出版社1999年版，第3页。

第七章

中原文化与商都文化演进的历史变奏

在对学术界已有研究成果的基础上，进一步对中原文化的定义、发展阶段、特点、与相关文化的关系、特质进行界定，对中原文化和商都文化的主要内容进行科学界定和全面梳理，对于郑州中心城市建设具有重要意义。

第一节 中原文化的定义、特点及与相关文化的关系

一 中原地域范围的界定

中原是一个历史久远的地域概念。古代文献中，有"中原""中土""中夏""中州"等多种称谓。关于中原的地域范围，国内古今学者有众多说法。有学者提出有广义、次广义与狭义之分，即广义的中原为黄河流域，次广义的中原指黄河中下游地区，狭义的中原指河南一带。[1] 有学者认为，广义的中原或指黄河中下游地区，或指整个黄河流域；狭义的中原，主要指今河南省一带。[2] 有学者则认为，广义的中原为黄河中下游地区，狭义的中原为河南。[3] 我们认为，广义的中原是指以河南为核心的

---

[1] 杨翰卿：《论中原文化及其精神》，《学习论坛》2004年第10期。
[2] 程有为：《中原文化概论》，王彦武主编《中原文化与现代化》，大象出版社2002年版。
[3] 赵保佑：《中原文化及其现代价值》，王彦武主编《中原文化与现代化》，大象出版社2002年版。

黄河中下游地区，即包括山东、河北、山西乃至陕西的一部分。

河南省委原书记徐光春认为，中原是一个以河南为主体的相对区域概念，一是泛指的大概念，包括整个黄河的中下游地区；二是中概念，主要指黄河的中游地区，包括山西、安徽、湖北甚至山东的一小部分；三是小概念，仅指河南省。我们所讲的中原文化，从地域上主要是一个中概念。因此，河南堪称真正的中国之中，大中原之中。[①] 应该说，这是基于学界研究成果提出的官方的正式说法。

二 中原文化的定义

什么是中原文化？有学者认为，中原文化是指以中原为地域依托，源于历史上人与自然及人们之间对象性关系而形成的特定的生活结构体系，即中原大地上形成的物质文化、制度文化、思想观念、生活方式的总称[②]。有学者则将中原文化界定为中原地区先民在历史上所创造的物质和精神财富的总和[③]；有学者认为，中原文化应包括地域文化、形态文化与特征文化[④]。

我们认为，中原文化，即中原地区古往今来物质与精神成就的总和。从层面上解构，它应包括以下两个方面：一是从时间而言，中原文化是一个从古至今的发展过程，向古可以追溯到远古的史前时期，不仅延续了整个历史时期，直至今日这种文化还在传承，并得以发展。但是，我们通常所说的中原文化，多是指古代的中原地区的文化，可以称为中原历史文化、中原传统文化，有时也直称为中原文化。二是从形态而言，中原文化在北宋及其以前作为主流文化，其主要理念准则等，已从中原地区传播到周边及其他地区，中原文化精神不仅体现了中原地域的文化气质，甚至也成为中华民族精神的重要组成部分。

---

① 《河南省委书记徐光春纵论中原文化五大特点》，《河南日报》2007年1月20日。
② 赵保佑：《中原文化及其现代价值》，王彦武主编《中原文化与现代化》，大象出版社2002年版。
③ 参见高秀昌《我们的中原文化观》，《黄河文化》2005年第2期。
④ 同上。

三　中原文化的发展阶段

中原文化的阶段划分，涉及中原文化的下限问题。有学者将中原文化的下限设定在鸦片战争之前，即中原文化在年代上应该限定在整个中国古代[①]。有学者则将中原文化分为孕育与萌芽（史前时期）、形成与发展（夏商周）、兴盛与繁荣（秦汉至唐宋）、衰落与式微（金元明清）四个阶段[②]。

我们认为，中原文化的发展，大致经历了六个阶段。

中原文化的孕育期。夏代以前的史前时期，从目前的考古发现看，可追溯到距今50万年的南召猿人阶段，但就文化孕育与起源而言，为距今1万年以来的新石器时代。总体的发展序列为裴李岗文化阶段、仰韶文化阶段、河南龙山文化阶段。在这些历史的进程中，河南文化的发展表现为史前农业的发达、物质与精神层面有了一定的发展，并为中原文化的形成奠定了坚实的基础。

中原文化的形成期。包括夏、商、西周三个阶段，即从公元前21世纪至公元前771年。表明中原文化形成包含有两个基本特征：一是夏、商以河南为政治中心，中原作为王都的地位得到了进一步确认；二是以青铜器与甲骨文为代表的文化繁荣，形成了最具先进性的核心文化。

中原文化的繁荣期。包括东周、秦汉、魏晋南北朝三个阶段，即从公元前770年至公元580年。表明中原文化繁荣的三个特征：一是文化中最具核心地位的思想文化，尤其是元典文化，如儒、道、法、佛等，均在中原产生，并成为中华文化最为认同的核心理念；二是以中原为中心，形成了东汉王朝，这种王朝虽没有王朝初创时的锐气，但却是王朝文化最为成熟的时期；三是在分裂时期，中原虽然处于战乱阶段，但却是中华民族融合的大舞台，也是中原核心价值观向外传播与辐射的最佳时机。

---

① 程有为：《中原文化概论》，王彦武主编《中原文化与现代化》，大象出版社2002年版。
② 赵保佑：《中原文化及其现代价值》，王彦武主编《中原文化与现代化》，大象出版社2002年版。

中原文化的鼎盛期。包括隋唐、五代、宋金三个阶段，即从公元581年至1270年。文化鼎盛有以下两个标志：一是政治中心不断东移，但中原的政治地位依然强化；二是以北宋为标志，中原文化仍是世界上最先进的文化，尤其是四大发明的主要成果在北宋时期完成，中原文化仍然是先进文化的代表。

中原文化的衰微期。包括元明清、民国等历史阶段，即从公元1271年至公元1948年。其标志一是政治中心转移到中原以外地区，河南丧失了都城优势；二是黄河泛滥，形成了持续不断的天灾与人祸，经济地位下降；三是人才缺失，文化落后，丧失了话语权。

中原文化的振兴期。中华人民共和国成立至今，即从1949年开始，尤其是1978年以来，改革开放的中原大地，各个方面都呈现出振兴与发展的大好局面。可以说，这也是中华民族与中华文化振兴与发展的具体体现。

四 中原文化的特点

中原文化博大精深，对其本质特点的研究，是学术界重点思考的内容。有学者将中原文化的特性界定为土著性、融合性、延续性与先进性[1]。有学者则归纳为厚重的历史文化，多元的理论文化，辉煌的三代（商代、宋代与当代）文化，丰富的文化精神内涵[2]。有学者将先进性、包容性、正统性作为中原文化的特点[3]。有学者则认为中原文化是中国传统文化的核心；中原文化博采众长，具有海纳百川的兼容性；中原历史文化是农业文明的产物，具有良莠并存的特点[4]。

综合学界迄今的研究和探索，我们认为，中原文化具有以下四个特点。

根源性。一是民族之根。中华民族的人文始祖"三皇五帝"，大都与

---

[1] 李绍连：《永不失落的文明——中原古代文化研究》，学林出版社1999年版。
[2] 杨翰卿：《论中原文化及其精神》，《学习论坛》2004年第10期。
[3] 程有为：《中原文化概论》，王彦武主编《中原文化与现代化》，大象出版社2002年版。
[4] 赵保佑：《中原文化及其现代价值》，王彦武主编《中原文化与现代化》，大象出版社2002年版。

中原有十分密切的关系。伏羲与炎帝定都在淮阳，伏羲以及颛顼、帝喾二帝分别葬在淮阳与内黄，黄帝故里与故都在新郑。体现民族血脉的中华姓氏中，古今有1500个姓氏起源于河南，在依人口数量多少的300大姓中有171个起源于河南；当今100大姓中，有78个起源或部分源头在河南。二是文化之源。以"河图"与"洛书"为代表的中国文化的源头，发生在洛阳。中国元典文化、儒家文化的源头在中原，道、法、墨、纵横、杂家等诸文化，其创立者家在河南，有的代表作也完成于河南。宗教思想，如汉传佛教的祖庭为洛阳白马寺，禅宗的祖庭为少林寺，天台宗的源头在光山净居寺。道教尊崇的鼻祖为鹿邑人老子，道教的圣地有济源的王屋山；而在科技文化中，四大发明也基本上完成于中原。汉字文化中最早的文字雏形为舞阳贾湖遗址的契刻符号，最早的成熟汉字为商代甲骨文。在商业、军事、政治以及社会各个方面，也都可以在中原找到源头。中原文化的根源性，也是文化的原创性，这是河南文化的本质特点。

正统性。中原文化虽然属于地域文化，但又与一般的地域文化有着较大的差异，这就是文化的正统与主干。中原文化实际上代表了中华文化的主流特点。这一特点是与中原地区自夏代开始至金代的3400年间，长期为中国的建都之地分不开。在此期间，200余位帝王定都或迁都在河南，中国的八大古都，河南有郑州、安阳、洛阳、开封四个。在中原地区，最为辉煌的时期为夏商时期，以郑州、洛阳、安阳为中心；东周、东汉、魏晋北朝以洛阳为中心；北宋、金代以开封为中心。在中国古都的东西轴线上，洛阳是一个关键点。当王朝以西安为中心、以开封为中心时，洛阳仍然具有辅都地位。当王朝以洛阳为中心时，西安的地位大幅减弱。王朝的制度建设、都城体系的完善、主流思想的形成，都与中原密不可分。这种文化的正统性，不但浸润在文化发展的各个时段，也浸润在中原人的行为举止与观念之中。

系统性。也可以称为连续性、传承性。中原文化发展链条，数千年来不断线，如在早期文化中，形成了裴李岗文化—仰韶文化—河南龙山文化—二里头文化—二里岗文化—殷墟文化，这样完整的发展链条。在历史时期，中原文化在每个王朝的发展脉络十分清晰。另外，从每个专题文化的系列来看，如商业文化、汉字文化、冶铸文化等，也都有较为完整的发展线索，这在其他许多地区，都是难以做到的。

开放性。又称辐射线和传播性。中原文化的对外辐射与交流，也是其得以存续壮大的关键所在。中原文化在形成与发展的过程中，一方面接纳与吸收了周边的优秀文化，这种情况在史实上表现为"入主中原"的少数民族，带来了域外的文化，如北魏的拓跋族文化、金朝的女真文化等，都在中原地区被吸纳融合成大中华文化。无论是先秦时期的夷夏交融，还是南北朝时期魏孝文帝及拓跋氏的汉化与融合，均对中华民族的形成与发展起到重要作用。另一方面，战乱又使得中原士民，如"河洛郎"将中原的先进文化带到东南地区，以至岭南地区，从而促进了边远地区的文化进步。这种开放性、传播性的特点，使得中原文化不断发展壮大，以至成为中华地域文化中的核心文化。

概言之，中原文化的四个特点，原创性是"根"，正统性为"干"，连续性为"系"，开放性为"脉"。中原历史文化，最本质的特点为"根源"与"主干"。

五 中原文化与诸文化的关系

中原文化与中华文化有其相关性，但在内涵、地域及时间上均有差异。例如，有学者认为河洛文化应当是夏商周三代河洛地区的文化现象[1]，但是学术界多数认为河洛文化的下限至少到北宋时期[2]。有学者主张中原文化是中华文化的核心[3]；有学者认为河洛文化是传统文化的"根文化"[4]，是中国文明的核心文化[5]；有学者则认为，河洛文化、中原文

---

[1] 杨海中、徐春燕：《"深化河洛文化研究"郑州纪行》，《黄河文化》2005年第2期。
[2] 同上。
[3] 同上。
[4] 同上。
[5] 杨翰卿：《论中原文化及其精神》，《学习论坛》2004年第10期。

化、黄河文化，三者相比之下，河洛文化更倾向学术一些①；而有学者则强调，中华文化的主体是黄河文化，黄河文化的中心是中原文化，中原文化的核心是河洛文化②。

我们认为，在反映河南文化的最主要的文化中，黄河文化、河洛文化与中原文化具有同等的重要性。黄河文化是与长江文化并列的以河流为主体的地域文化。黄河文化包含黄河上游、中游、下游地域的文化，甚至可以包括古代黄河所经行地区的文化。因此，就地域文化而言，黄河文化显然应该为中华传统文化中的主体文化。中原文化是黄河文化的重要组成部分，是黄河文化的核心。在黄河中游的河洛交汇处，以洛阳为中心的河洛文化，不仅是黄河文化的最重要的部分，也是中原文化的最关键的部分。可以说，河洛文化是中原文化的精华。

六　中原文化的特质

中原文化的特质是什么？有学者认为是核心、缩影、源头，影响巨大，重心转移，基地缺陷明显③；有学者则认为中原文化关键是国都文化、根文化与大一统文化④。河南省委原书记徐光春则强调中原文化厚重、多元、经典，是圣文化、福文化与魂文化⑤。他认为，中原文化有五个特点：一是具有根源性，文化的源头都在中原；二是具有原创性，都是第一次出现、发明的；三是具有包容性，具有海纳百川、地承万物的气魄；四是具有开放性，是面向民众的、社会的，不是自我的、封闭的；五是具有基础性，是中华文化的基础。

河南的区位优势与文化优势，使得河南与其他地区相比有三个与众不同的关键词。

---

① 杨海中、徐春燕：《"深化河洛文化研究"座谈会开封洛阳纪行》，《黄河文化》2005年第3期。
② 杨海中、徐春燕：《"深化河洛文化研究"郑州纪行》，《黄河文化》2005年第2期。
③ 单远慕：《中原文化的一级理论》，王彦武主编《中原文化与现代化》，大象出版社2002年版。
④ 杨海中、徐春燕：《"深化河洛文化研究"座谈会开封洛阳纪行》，《黄河文化》2005年第3期。
⑤ 徐光春：《中原文化与中原崛起》，河南人民出版社2007年版。

第一是"缩影"。一是人口。河南是人口大省，有近1亿人，这里有丰富的人力资源，也有着一个巨大的消费市场，是人口大国——中国的缩影。二是农业。河南是传统农业大省，是中国的大粮仓，粮食总产量连续多年占全国总产量的10%左右，为传统农业大国中国的缩影。三是经济。中国是新兴经济大国，是世界第二大经济体，而河南的经济总量与工业增加值在全国位居前五。河南还是全国重要的能源基地、原材料基地和制造业基地。四是文化。中国历史悠久，文化发达，河南正是支撑中国历史文化厚重的核心地带。河南的各级文物保护单位的数量、地下文物的数量、馆藏文物的数量、考古重要发现的数量、历史名人的数量、姓氏之根的数量等，均在全国排第一。五是形象。中国发展所呈现出的勃勃生机，所遇到的海外丑化中国人的问题，与河南极为相似。这种新与旧的交织，发达与落后并存的情况，正是发展中国家与地区面临的重要问题。因此，河南是中国的"缩影"，是最能代表中国的过去与现在的典型地区。

第二是"朝圣"。河南的文化资源，非常丰富，已登记的各类文物点28168处，有文化资源单体25232个。有全国重点文物保护单位189处，省文物保护单位954处，市县级文物保护单位4000余处。龙门石窟与殷墟，已被列入世界文化遗产。河南还有国家级非物质文化遗产22项，省级非物质文化遗产148项。河南文化资源不仅数量多，而且还以时间跨度长、品类齐全、价值高、分布广而著称于世。我们认为，河南文化的定位，以及终极目标是圣地，即寻根朝圣。除与"朝圣"相关的圣地之外，黄河是中华文化圣河，尤其是河南段的黄河，不仅为中下游分界线，景观类型齐全，尤其是"河洛"的永远印痕，更凸显了孕育东方文明的"圣河"的特点。嵩山，位于五岳之中，是个文化大山，不仅是古代帝王尤其是武则天的封禅地，也是儒道佛三个最具中国特色的文化的融合地，嵩山应该是中华文化的圣山。而在中国姓氏文化中，最有代表性的姓氏祠堂堂号为"河南堂"，这是一个以河南郡为郡望地的姓氏群体，数量之多，为一般郡望堂号所不可比拟。尤其是魏孝文帝汉化而形成的大批姓氏，使汉族姓氏中融入了更多的新鲜血液，也是中华民族融合过程中最具代表性的一次，所以"河南堂"是中华文化"圣堂"。由圣地、圣河、到圣山、圣堂，以"朝圣"统筹河南的文化资源，是对中原文化认识升华的体现。

第三是"福地"。中原独特的地理优势，使得和平发展时"离不了"，战乱分裂时"绕不掉"。先秦时期，无论是"三皇五帝"，还是"三王五霸"，都要到中原成就大业。圣贤名流，要么"周游中原"，要么"入周问礼"。"问鼎中原""定鼎中原""得中原者得天下"，正是中原区位优越的最好写照。在二十四史中有列传者5700余人，仅汉、唐、宋、明四个朝代，河南籍名人便达912个，占15.8%，与各省相比位居第一。北宋及以前的绝大多数历史名人，即使不是河南人，也是在河南长期活动并保留有大量的遗迹与传说。正因为如此，古人谋大业要到中原，干大事要到中原，出大名要到中原，成大家要到中原。中原是成就伟人、成就大事、成就大业的"福地"。在当代中部崛起的历史进程中，中原仍是创大业、干大事的风水宝地。

第二节 博大精深、积淀深厚、丰富全面的中原文化

中原文化的内容十分丰富，从文化形态上讲可分为物质文化、精神文化、制度文化，而更偏重于前两个方面；也可以分为政治、经济、文化、艺术、民俗等多个方面。从文化内容的特色来看，可以分为史前文化、神龙文化、政治文化、圣贤文化、思想文化、名流文化、英雄文化、农耕文化、商业文化、科技文化、医学文化、汉字文化、诗文文化、宗教文化、民俗文化、武术文化、戏曲文化、姓氏文化十八个方面[①]。但从文化本身的层级与分类，我们将其归纳为以史前、夏商、汉魏、北宋为代表的中原文化在时段上的亮点；始祖、姓氏、名人为代表的中原文化在凝聚海内外华人方面的亮点；以都城、市镇、山水为代表的中原文化在地理建置方面的亮点；以易学、诸子、道教、佛教等中原文化在思想方面的亮点；以商业、军事、教育等中原文化在社会方面的亮点；以天

---

① 徐光春：《中原文化与中原崛起》，河南人民出版社2007年版。

文、农耕、冶铸、陶瓷、医药等中原文化在科技方面的亮点；以汉字、书画、诗文、戏曲等中原文化在文化艺术方面的亮点；以武术、节令、传说、饮食等中原文化在民间方面的亮点。这些方面，可以在较大程度上反映出中原文化的博大精深、积淀深厚与丰富全面的内涵。

一 从历史时段来看，以史前文化、夏商文化、汉魏文化、北宋文化最具代表性

史前文化的特点是考古发现层出不穷，文化谱系连续不断。南阳发现的距今50万年的南召猿人化石，反映了河南历史的久远。洛阳北窑遗址、荥阳织机洞遗址、安阳小南海遗址，均为河南旧石器晚期的典型文化遗址。已发现的新石器遗址达2000余处，裴李岗文化、仰韶文化、河南龙山文化成为文化谱系发展的三个阶段。由新郑裴李岗发现而命名的裴李岗文化，以舞阳贾湖最为典型。仰韶文化则因渑池仰韶村而得名，郑州西山仰韶遗址为中原最早的城址，濮阳发现的蚌塑龙被誉为"华夏第一龙"；灵宝铸鼎塬发现的大型房基在同类遗存中最为罕见。郑州大河村、邓州八里岗均为最具典型的聚落遗址。

夏商文化可以上溯到龙山晚期。以登封王城岗、辉县孟庄、淮阳平粮台、新密古城寨、郾城郝家台、安阳后岗、温县徐堡等为代表的龙山古城，可以称为历史上最早的"中原城市群"，是当时先进文化的代表，反映了文明形成之初的夏初历史。偃师二里头为二里头文化中的典型遗址，也是夏代晚期的都城所在。郑州商城为二里岗文化的典型遗址，可能为商汤建立的亳都所在。偃师尸乡沟商城、郑州小双桥等遗址均为商代早期的重要城邑。安阳殷墟，则以大型陵墓、大型宫殿、大批甲骨文的发现，以及大量青铜器的发现而闻名于世，是商代晚期的都邑所在。淇县古朝歌保留了大量的传说与遗存，为研究商末历史提供了较多的线索。

汉魏文化则以东汉、曹魏、北魏三个时段为代表。在此之前的东周时段，在此之后的隋唐文化，均形成了中国历史上最具盛名的洛阳时期，也是西安—洛阳双轴心的关键所在。东汉为统一王朝时文化积累较丰富的时期，不仅有帝都洛阳，也有"帝乡"南阳，还有被誉为"汝半朝"

这样的河南人才辈出的现象。汉魏时期，不但文化发达，经学、汉赋、佛教均是这一时段最高的文化成就的代表。战乱不断，但民族融合，尤其是魏孝文帝迁都洛阳所实施的汉化政策，为大唐文明盛世奠定了坚实的基础。

北宋文化则以宋都开封为中心。北宋时期虽有与辽、金的对峙，但文化发达，城市繁荣，思想活跃，科技进步，也是中国历史上最为重要的发展时段。

二 从根脉纽带来看，以始祖文化、姓氏文化、名人文化最具代表性

中华人文始祖是一个伟大的群体。盘古的故里桐柏与泌阳，燧皇陵墓在商丘，伏羲的都与陵均在淮阳，女娲之都在西华，炎帝神农都于淮阳，黄帝故里、故都在新郑，陵墓在灵宝，嫘祖故里在西平，共工氏的主要活动地在辉县，颛顼、帝喾二帝都在濮阳，陵在内黄，舜帝故里在濮阳。

姓氏文化是凝聚海内外华人的纽带。表现为：一是主要姓氏的起源地在河南。如李氏根在鹿邑，王氏祖地在偃师、卫辉，张氏祖地在濮阳，刘氏祖地在偃师，等等。二是主要郡望地在河南。如汲郡治在卫辉，河内郡治在沁阳，河南郡治在洛阳，荥阳郡治在荥阳，陈留郡治在开封，南阳郡治在南阳等，这些郡均为许多姓氏望族的发祥地。三是洛阳为客家人的祖地，即南迁起始地，固始则是闽台人眼中的"大槐树"；开封的珠玑巷，则为广东移民中的圣地。

名人文化包括圣贤、名流、英雄等内容。河南有谋圣姜太公、道圣老子、墨圣墨子、商圣范蠡、医圣张仲景、科圣张衡、字圣许慎、诗圣杜甫、文圣韩愈、画圣吴道子、律圣朱载堉、酒圣杜康、厨圣伊尹，以及庄子、韩非、商鞅、吕不韦、李斯、陈胜、张良、蔡文姬、司马懿、阮籍、玄奘、一行、岳飞、史可法等名人，这些河南名人为中原文化的发展均做出特殊的贡献。

三 从城乡山水来看，以都城文化、村镇文化、山水文化，最具代表性

都城文化是中原文化的重要特点，其包含有古都文化与名城文化两个内容。大古都中，郑州为商都，安阳为殷都，洛阳为"十三朝古都"，开封为以北宋都城为代表的"七朝古都"。以上四个城市，与南阳、商丘、浚县、濮阳均为国家级历史文化名城。许昌、济源、新郑、登封、巩义、沁阳、禹州、卫辉、邓州、新县、淮阳、淇县、汤阴、汝南、睢县、社旗均为省级历史文化名城。

村镇文化有历史名镇与名村。开封朱仙镇是中国四大名镇之一；巩义回郭镇、社旗赊店镇、淅川荆紫关镇与朱仙镇又为河南四大名镇；此外，安阳的渔洋村、陕县的庙上村、卫辉的小店河村、内乡的吴垭村、博爱的寨卜昌、郏县的临沣寨均为中原历史名村；巩义的康百万庄园，新县的彭氏山庄，商水的叶家大院，也以民居而著称。

山水的文化无处不在。河南山水不仅数量多、种类全、品位高，而且还因文化底蕴丰富而著称。新郑具茨山为始祖文化，昭平湖景区为刘祖文化，石人山为帝尧文化与墨子文化，云台山为竹林七贤文化，神农山为炎帝文化，百泉为建筑园林与名人文化，嵩山为佛道文化与武术文化，云梦山为谋略文化，芒砀山为汉梁文化，嵖岈山为西游文化，老君山为老子文化，鸡公山为建筑名人文化。

四 在思想智慧方面，以易学文化、诸子文化、道教文化、佛教文化最具代表性

易学文化的源头"河图""洛书"产生于孟津与洛宁，八卦也产生在河洛地区。周文王演《周易》的地方在汤阴的羑里城。易学中"占侯派"创始人焦赣，"京氏之学"的创始者京房均为西汉时期的河南人。把易学变为"显学"的何晏、王弼，"象数派"的集大成者邵雍，把易学与理学有机结合的程颐，均为河南人。

先秦诸子中的16位代表人物，有一多半为河南人。其中，道家的老子、庄子、列子，法家的商鞅、吴起、韩非，墨家的墨子，杂家吕不韦，纵横家苏秦等均为河南人。孔子的祖籍为河南商丘，孔门三大弟子子贡、子夏、子张为河南人。

道教奉老子为鼻祖,《道德经》的写作地点函谷关在今灵宝,道教的祖庭为鹿邑太清宫。道教在创立过程中的"传道点"之一为北邙。有道教"天下第一洞天"之称的王屋山在济源,在道教中最有影响力的庙观为中岳庙,唐代道教宗师司马承祯为温县人,内丹修炼法创始者宋代陈抟为鹿邑人,太一道创始人萧抱珍为卫辉人,京华派创始人宁全真为开封人。

图7-1 中岳庙,位于登封市区少林大道东段,中国道教的发源地,五岳之中现存规模最大、保存最为完整的道教庙宇。始建于秦,现存建筑400余间,金石铸器200余件,古柏300余株,全国重点文物保护单位,世界文化遗产。庙内的《中岳嵩高灵庙碑》是中国道教立碑之祖;宋代镇库铁人是中国现存形体最大、保存最好、造型最佳的铁人;汉代石刻翁仲是中国现存年代最早的石雕翁仲

资料来源:登封市人民政府网站。

佛教祖庭为洛阳白马寺,中国第一所菩提道场为登封法王寺,禅宗祖庭为登封少林寺,中国现存最早的密檐式砖塔为登封的嵩岳寺塔,中国三大艺术宝库之一的龙门石窟为世界文化遗产,中国第一座尼僧寺院为登封永泰寺,佛教天台宗的创始地为光山净居寺。中国第一个受戒并西行求法的僧人朱士行为今禹州人,玄奘为佛教唯识宗创始人。

图7-2 法王寺位于登封市区北3公里处,四周群山环拱,峰峦叠翠,自然景观秀美,风景宜人,有"嵩山第一胜地"之美誉。寺院建于东汉明帝永平十四年(71年),是中国最早的佛教寺院

资料来源:登封市人民政府网站。

五 就社会层面来看,以商业文化、军事文化、教育文化最具代表性

中原保留了许多中国早期商业之最。例如,中国商业鼻祖王亥的先商族居地在商丘,中国历史上第一批职业商人诞生于西周时的洛阳,第一个由政府颁布的保护商人利益的法规《质誓》诞生于春秋时的新郑,以"城门之征"为代表的最早的关税征收发生在春秋时的宋国(今商丘),第一个爱国商人为春秋时新郑人弦高,第一个儒商为卫国子贡,第一个热心公益事业的商人为东周时南阳人范蠡,第一个有战略思路的产业商人为东周时洛阳人白圭,第一个重商理论倡导者为西汉洛阳人桑弘羊。

中国历史上最著名的战役都与中原有关。如商灭夏的鸣条之战发生在今封丘,周灭商的牧野大战发生在今新乡卫辉一带,春秋时晋楚之间的邲之战发生在今荥阳东，战国时的马陵之战与桂陵之战均发生在今豫北地区。此外，周初战争谋略大师姜太公、东周国防战略家苏秦、西汉边塞军事家晁错、南宋抗金英雄岳飞等，均为河南人。

教育文化中，先秦诸子如老子、庄子、墨子、韩非等均为教育家，东汉洛阳太学为中国古代最大的大学，洛阳的"熹平石经"为官定标准课本，洛阳的"鸿都门学"为当时世界上最早的文学艺术专科学校，唐代洛阳的丽正书院为中国最早的书院，唐代韩愈的《师说》为开宗明义论述为师标准的专书，嵩阳书院与应天府书院均位列宋代的四大书院之中。

六　在科学技术方面，以天文文化、农耕文化、冶铸文化、陶瓷文化、医药文化最具代表性

天文历法成就河南最突出。定都在淮阳的伏羲是中国古代历法的肇始人，定都在今濮阳的颛顼首创《颛顼历》并成为秦汉时的主要历法，定都安阳的商代发明了干支纪日法，周初周公在登封观测日影为中国有文献记载的最早的测日活动，洛阳西汉壁画墓中的星象图为中国最早的星象图，东汉张衡在天文学上和地震学上的成就代表了当时世界的最高科技水平，唐代僧一行组织了人类历史上第一次大规模的子午线实测活动，登封的元代观星台为中国现存最早的天文台建筑，明代的朱载堉在天文历法方面也取得了世界级的成绩。

农耕文化包含有农耕技术、农耕制度、农耕思想。史前时期，河南的农业聚落已十分密集，发明农业的炎帝神农氏以淮阳为都，大禹治水的传说也发生在河南，甲骨文系统反映了商代中原的农业，孙叔敖也于春秋时期在中原修建了中国最早的大型水利工程期思陂，在内黄三杨庄发现了汉代农家庭院建筑遗址与农田遗址，在洛阳老城发掘了属于隋唐时期的中国古代最大的粮仓含嘉仓遗址。中国古代的农业书籍，如《氾胜之书》《齐民要术》《农桑辑要》等，大多都是中原地区农业经验的总结。

河南是冶铸文化之乡。在中国已出土的公元前1900年之前的铜器23件，其中5件在河南。据记载，黄帝冶铜铸鼎的地点在灵宝，偃师二里头遗址发现了中国已知最早的青铜铸造遗址，安阳出土的商代司母戊大方鼎号称"中华第一大鼎"，三门峡出土的虢国玉茎铜柄铁剑被誉为"中华第一剑",淅川出土了中国最精美、工艺技术难度极高的用失蜡法铸造的青铜禁,西平的棠溪为战国时期著名的铸剑中心,泌阳下河湾发现了中国目前最大的冶铁遗址,郑州古荥的汉代冶铁遗址发现了中国目前最大的冶铁高炉遗址。

中国是陶瓷之国,中原为陶瓷之乡。以女娲为代表的人文始祖的陶器发明均与河南有关。郑州出土的商代瓷尊为中国已知最早的原始瓷器,安阳北齐范粹墓中出土的白瓷为中国已知最早的白瓷,巩义黄冶窑为目前所确定的中国第一个烧制唐三彩的窑址,宋代的五大名窑中哥窑、钧窑、汝窑在河南,宝丰清凉寺窑址为目前确定的唯一的汝官窑窑址,鹤壁、辉县、修武等沿太行窑址群是对中国民间影响最大的磁州窑系的重要组成部分。

中原医药文化宝库内容丰富。定都淮阳的神农因"尝百草"被誉为中华医药文化的奠基人,商代甲骨文上发现有疾病防治知识的记载,东汉张仲景因撰写《伤寒杂病论》而被尊为"医圣",魏晋时皇甫谧因撰写《针灸甲乙经》而被尊为"中原针灸学之祖",唐代孟诜的《食疗本草》是中国现存最早的古代营养学和饮食疗法的专著,北宋时立于翰林医官院的针灸铜人为中国最早的针灸腧穴经络铜人,在北宋宫廷供职的钱乙为中医儿科的奠基人,明代朱橚在开封创办了与中药有关的中国第一个实验植物园,吴其浚因著录《植物名实图考》而成为清代最著名的本草学家。

七 在文化艺术方面,以汉字文化、书画文化、诗文文化、戏剧文化最具代表性

汉字文化与中原有着十分密切的联系。舞阳贾湖遗址发现了中国最早的文字契刻符号,汉字的活字印刷术发明于北宋京城的开封,世界上唯一现存最为成熟的古文字体系甲骨文发现在安阳,第一个规范汉字者是上蔡人秦相李斯,以撰著《说文解字》而著称的字圣为今郾城人许慎,立于东汉洛阳的《熹平石经》为当时通行的标准字体。

书法与绘画为中国国粹。秦代小篆之祖李斯为中国第一个有记载的书法家,东汉时的蔡邕创立了中国书法中的飞白体,他的女儿蔡文姬则是有史以来的第一位著名女书法家,汉魏之际的钟繇为"楷书之祖",龙门二十品为魏碑体书法的杰出代表,褚遂良为唐初四大书法家之一,宋徽宗在开封创立了"瘦金体";南朝时宗炳的《画山水序》为中国历史上第一篇山水画论,唐代的吴道子被誉为"百代画圣",五代的荆浩开创了宋代北派山水画风,反映北宋京城风貌的《清明上河图》为中国最著名的市井风俗画卷。

诗文文化包含有诗词与文章两个内容。中国社会科学院文学研究所主编的《中国文学史》所列举的著名文学家中,河南人占了一半以上。《诗经》中有一半作品采自河南。

河南是戏剧大省。舞阳贾湖遗址出土的骨笛被誉为"中华第一笛",东汉洛阳的百戏为中国戏剧戏曲与舞蹈艺术的发展打下了较好的基础,唐代洛阳的参军戏为后世戏剧的雏形,宋京城开封的勾栏瓦肆的艺术表演开启了古代表演艺术向商业化发展的先河,焦作人董解玉为金杂剧的著名作家,元代李好古的《张生煮海》为河南地方戏最悠久的保留剧目,朱载堉的十二平均率在世界音乐史上占有重要地位。此外,河南的地方戏曲种类在全国最多,河南豫剧为中国最大的地方剧种。

八 在民间文化方面,以武术文化、节令文化、传说文化、饮食文化最具代表性

武术文化是民间传承的功夫文化,被誉为"国术"。源于河南的武术有少林拳、太极拳、形意拳、苌家拳四大拳派,尤以少林、太极在全球影响最大。自晚清以来,开封的查拳、猴拳、梅花拳,安阳的弹腿,豫北的洪拳,淮阳的六步拳,博爱的八极拳等,均名动一时。

传统的节令、岁时为民间文化的重要内容。中华民族的春节、清明、端午、七夕、中秋、重阳六大传统节日的源头均在河南。淮阳太昊伏羲陵庙会为中国最古老的庙会,宝丰的马街书会为中国最大的民间曲艺演出的盛会,灵宝的骂社火是中原节会中最具特色的节目,浚县古庙会被誉为"中原第一古庙会"。

中原的传说文化是中华民族历史的活化石。如在桐柏、泌阳分布的盘古神话群,新郑、新密、灵宝、济源等地分布的黄帝神话群,淮阳、西华一带分布的伏羲与女娲神话群,商丘保留的阏伯神话群,濮阳一带的二帝神话群,禹州、登封一带的大禹神话群,均为中国上古历史的折

射。济源的愚公移山传说、灵宝的夸父逐日传说、温县的赵氏孤儿传说、武陟的董永与七仙女传说、汝南的梁祝传说、虞城的木兰从军传说、南阳的牛郎织女传说，均为民族精神、美好希冀、弘扬正气的真实体现。

河南的饮食文化内涵丰富。如夏启时的钧台之享为中国历史上最早的宴会，被誉为烹饪始祖的伊尹出生于嵩县，殷纣王的酒池肉林为历史上最早最大的宫廷嬉戏宴会，吕不韦在河南提出了世界上最古老的烹饪理论。时至今日，洛阳水席、开封小吃、郑州烩面、道口烧鸡、武陟油茶、周口的胡辣汤，均为最具河南特色的名吃。

第三节 商都文化及其在中原文化中的地位

一 科学认识商都文化

商都文化是一个学术概念，也是一个泛文化概念；商都文化是一个传统概念，也是一个与文化建设相关的新的概念。我们认为，商都文化至少应包含两层含义：一方面，商都文化是商文化的组成部分，是商文化的核心。商都文化反映的是以商代都城为代表的商代的先进文化，是体现当时最高水平的文化。商都文化，可以包括郑州的商都文化，偃师的商都文化，安阳的商都文化，也可以包括所有与商都有关的文化。商都文化，包括都城的物质创造、精神成果、制度建设、人文事件、名人风采，总之代表了与商都有关的所有方面的内容。另一方面，从地域文化的角度分析，商都文化应该是中原文化的有机组成部分，在中原文化中占有十分重要的地位。

二 商都文化的主要内容

（一）第一个层面的内容

商代建立的数百年间，商代都城的变迁主要有汤居亳都、仲丁迁隞、河亶甲居相、祖乙迁邢、南庚迁奄、盘庚迁殷等[①]。从考古发现看，又可分为三个方面。

---

① 邹衡：《夏商周考古学论文集》，文物出版社1980年版。

1. 与商汤亳都有关的郑州商城与偃师商城

关于汤始居亳的地点有诸多说法，但对这两座商城的认识，断代工程的初步结论是"郑州商城和偃师商城基本同时或略有先后，是商代最早的两处具有都邑规模的遗址，推断其分别为汤所居之亳和汤灭夏后在下洛之阳所建之'宫邑'亦即'西亳'的意见具有较强的说服力"①。

2. 与隞、相、邢等商都相关的考古发现

仲丁所迁之隞，除认为为郑州商城外，也有认为是郑州小双桥遗址。小双桥遗址发掘于1990年，总面积约144万平方米，发现的遗存仅有大型夯土建筑基址、祭祀坑与青铜冶铸遗存，尤其是大型的青铜建筑构件给人留下了较深的印象。1996年，在安阳发现的洹北商城，年代介于小双桥遗址与安阳殷墟之间，总面积达400万平方米，主要有夯土基址与文化堆积②。在河北邢台发现的东先贤遗址，以及以此为代表的邢台商代遗址群，虽然也有多年的积累与发现，但仍与都城存在一定的距离。但是，由于在文献中有所谓"襄国之邢"的记载，因此邢都问题仍需要进一步探索。

3. 与安阳殷墟有关的商代晚期都城

自1928年发掘至今，安阳殷墟的总面积约30平方公里，其分布有宫殿区、王陵区、手工业作坊区及众多居民点，尤其是发现了以"司母戊大方鼎"为代表的大量的青铜器，以及约15万片的甲骨，这些都为揭开商代历史的神秘面纱，打下了坚实的基础③。

由上述情况可知，商都群所代表的商都文化，主要是物质创造、城市制度，以及所折射的商代历史，这些都为全面深刻认识商代文化创造了较好的条件。

(二) 第二个层面的内容

1. 以郑州商城为代表的古都古城文化

郑州地区已发现了较多的古都古城，除郑州商城外，郑州西山城址有

---

① 夏商周断代工程专家组编著：《夏商周断代工程1996—2000年阶段成果报告》（简本），世界图书出版公司2000年版。
② 唐际根、刘忠伏：《安阳殷墟保护区外缘发现大型商代城址》，《中国文物报》2000年2月20日。
③ 河南省文物研究所编：《河南考古四十年》，河南人民出版社1994年版。

可能与黄帝有关，登封王城岗城址有可能为禹都。新密古城寨城址、新寨遗址、大司姑遗址，以及郑韩故城、华阳故城、管国故城、祭伯城址、荥阳故城、成皋故城、京城城址、密国故城等多为国家或省级历史文化名城。这些古城、古国、古都名城资源，是郑州商都文化的重要特点。

2. 以黄帝故里为代表的寻根敬祖文化

新郑作为黄帝的故里故都，已成为叫响海内外的知名文化品牌。参加拜祖大典已成为海内外华人寻根拜祖的盛会。新郑与新密交界处的具茨山，保留有大量的黄帝传说，今又称为始祖山。新密的黄帝宫、古城寨城址，郑州的炎黄二帝巨塑，还有浮戏（伏羲）山、巩义河洛交汇处的伏羲画卦台等，均与中华人文始祖有关。郑、韩、冯、潘、许、牛、何等数十个姓氏的祖根地与郡望地在郑州地区，已成为郑州联结海外华人的纽带。

3. 以嵩山少林寺为代表佛、道宗教文化

图7-3　永泰寺，位于登封市区西9公里处，是中岳嵩山唯一的一座女僧寺院，也是中国现存最早的皇家尼僧寺院。公元521年，孝明帝之妹永泰公主人寺为尼，得名永泰寺

资料来源：登封市人民政府网站。

嵩山为五岳之中。嵩山的特点是文化厚重，佛道共生。嵩山不仅有古代帝王登山封禅的记录，更有少林寺、会善寺、永泰寺、嵩岳寺塔和巩义石窟与慈云寺等大量的佛教文化，以及中岳庙为代表的道教文化，嵩阳书院为代表的儒家文化。中国古代的三大思想文化，在这里共融共生，为古代宗教文化和谐相处提供了实证。

4. 以宋陵为代表的陵墓碑刻文化

巩义有"七帝八陵"、21座皇后陵及近千座宗室墓为代表的北宋陵墓群，有宋魏王、宋燕王墓等为代表的藩王陵墓；新郑则有郑韩两国王陵，五代的后周陵群。荥阳则有明代藩王陵；新密则有郑庄公墓、郑昭公墓等。还有以新密打虎亭汉墓、荥阳汉画砖墓为代表的汉代墓葬；有荥阳、登封、巩义等地壁画墓为代表的宋金墓葬。此外，登封的太室阙、少室阙为稀世珍品；东汉熹平四年的《韩仁铭碑》，唐《龙潜教书碑》《大唐纪功颂碑》《天后御制诗书碑》，以及《中岳嵩高灵庙碑》《醉翁亭记》石刻，均为古代书法艺术作品的最佳代表。

5. 以少林功夫为代表的武术文化

少林功夫为中国国粹，内容广博，分内功、外功、轻功、气功、硬功等，又分拳术、枪术、刀术、剑术、棍术、技击、器械等一百余种。少林武术已形成产业，走出国门。郑州国际少林武术节与世界传统武术大会已成为郑州市的名片，成为郑州乃至河南的知名文化品牌。

6. 以名人名胜为代表的历史文化

郑州历史上涌现了许多名人与事件，如伏羲画卦、许由洗耳、大禹治水、周公测景、弦高犒师、子产为相、京城大叔、楚汉之争、贾鲁治河；还有列子祠墓，子产墓与祠，纪信墓与纪公庙，虎牢关与吕布城，杜甫故里与杜甫墓，刘禹锡墓，白居易故里与香山庙，欧阳修墓园，包拯墓、杨延昭墓，苏轼与《醉翁亭记》刻石，李诚墓，许衡故里，郭守敬与观星台等。这些名人与胜迹，为郑州商都文化乃至中原文化的资源整合，奠定了基础。

总之，中原文化博大精深、内涵丰富，而作为中原文化的重要组成部分的商都文化，为建设文化强省、强市特别是郑州国家中心城市文化建设和中原城市群的崛起奠定了坚实的基础。在建设国家中心城市过程中，郑州应当把自身文化事业和文化产业发展置于整个中原地区的格局之中，从绵长厚重的中原文化中汲取丰富营养，同时为再创中原文化新辉煌做出引领性贡献。

第四节　构建具有时代风貌、中原特色的中原学

中原学是国内学界特别是河南学界在对中原及河南经济社会发展过程中提出的一个新的学科概念。近年来，中原文化的研究，已成为学界的热点。而"中原学"概念的提出及相关研究工作的逐步深入，对于中原文化的传播和中原文化软实力的提升具有积极意义。

一　中原学的基本内涵

中原学的定义，可以从目前的区域学（城市学）的讨论中，得到借鉴。

一是以地方历史文化为主的学科定位。如在讨论长安学的定位时，特别强调盛世文化是长安学研究的重点，时代关怀是长安学研究的特点，开放包容与创新进取是长安学研究秉持的精神，"长安学首先是以长安（今陕西）为主要研究对象，研究长安数千年的历史变革及其发生在当地的各种政治、社会、文化、军事等事件及其影响。长安学是以长安为中心的辐射功能的研究。即长安的历史文化对周边区域或国际国内影响力的研究"[1]。长安本身就是一个历史地名，长安学研究的主体就是历史上的长安，当然论者将长安的历史文化放大到今天的陕西省，我们可以理解这样做具有更强的可操作性。

二是探询特定区域（城市）发展规律的综合性学问。在关于北京学的研究中，大家对北京学定位的认识较为接近。有学者认为，"北京学是研究以北京为中心的一个地理区域的特殊的发展变化及其规律，和北京与国内外大城市的关系的学科"[2]。有学者认为，"北京学是研究发育在东

---

[1] 李柄武：《长安学总论》，《长安大学学报》2010年第1期。
[2] 李颖伯、王燕美：《北京学的缘起》，《北京联合大学学报》2000年第1期。

方文化基础上的北方都城的生成基础及发展演化规律的科学，它是地方学中都市学的一个分支学科"①。有学者则刻意强调北京学与北京史、北京志的区别，明确认为"北京学是一门研究北京城市及其环境共同组成的城市综合体的形成、演化、发展规律的应用理论学科"②。从论者的观点看，北京学在理论构建之初，其目标十分明确，就是围绕北京起源发展的变化规律进行探索，以服务于北京现实需要进行探索。北京学与西安学都属于城市学的范畴，"西安学，就是通过人文的、社会的、自然的各个侧面的研究，对以现西安市为中心的在自然条件基础上和历史发展过程中，形成的关中核心区域的文明形成基础及人类社会发展演化的规律，进行整体研究的一门学问"③。其强调对规律的探索，以及对地方发展的应用性研究。

地方学中多为城市学，如北京学、上海学、广州学、西安学、泉州学、洛阳学等。长安学虽然也属于城市学，但其地域界线明显较为宽泛，涵盖整个陕西省，与狭义中原相近，但类似于中原学。这样广大的地域范围，似乎还不多见，虽然也有齐鲁学和三峡学的说法，但齐鲁文化、三秦文化、燕赵文化、湖湘文化、荆楚文化、巴蜀文化、吴越文化等的说法更为流行，而且这类文化，更多地偏重于历史层面，更多偏重于文化层面。李庚香先生认为"所谓的中原学，即在地域上以河南为中心，同时辐射广义的中原地区，以中原文化为研究内容，以河南乃至全国的中原文化专家为研究主体，将当前以各自的学科方法研究中原文化的专家整合为一个'中原学'研究群体，形成研究中原文化的高端团队，以继承和发扬中原优秀传统文化、创造现代中国文化为指向，以凝练中原文化精神，满足人民精神文化生活需要为直接目标，以引领地区经济社会发展为追求，构建具有中原特色、时代风貌的'中原学'"④。这里分为几个层次，第一个层次讲的中原的地域，强调以河南为核心的中原；

---

① 王兵：《对北京学基本理论的初探》，《北京联合大学学报》2001年第1期。
② 张妙弟等：《北京学研究的理论体系》，《北京联合大学学报》2003年第1期。
③ 王社教：《对西安学研究的几点思考》，《唐都学刊》2009年第4期。
④ 李庚香：《打造"中原学"一流学科，奋力建设思想河南》，《河南社会科学》2016年第6期。

第二个层次讲的是以中原文化为内容，说中原学以中原文化为内容，那么中原文化是以什么为内容，这就需要将中原学与中原文化区别开来；第三个层次讲的是研究者，就是说不同学科研究中原文化的研究者，包括省内的队伍，也包括省外的队伍，只要研究中原文化者，都应该是这个研究群体。

我们认为，中原学就是研究中原的学问，就是以河南为中心的中原这一特定地域所存在的问题为研究对象的专门学问。这主要涉及两大块：一是以中原历史文化的丰富积淀为挖掘与研究的重点，主要解决优秀传统文化的传承发展问题；二是以当代中原所面临的经济社会发展问题为重点，主要解决中原崛起与河南振兴问题。中原（河南）是中国的缩影，其经济快速发展如何保持优势，"三农"问题如何真正解决，文化资源丰厚如何深入挖掘弘扬，人力资源丰富如何提升素质，区位交通优势如何成为河南振兴的突破口等，在中国具有典型示范意义。因此以中原学整合省内外各学科的研究力量，聚焦中原及其发展，无疑会将这种研究提升到一个新的高度。

二　中原学的现实意义

2011年9月，国务院出台《关于支持河南省加快中原经济区建设的指导意见》。2011年10月河南省九次党代会，提出全面推进中原经济区建设为加快中原崛起而奋斗的目标。2012年国务院颁布了《中原经济区规划（2012—2020年）》，明确了中原经济区的具体范围。2014年3月，习近平总书记在河南视察时，提出让"中原更加出彩"的美好愿景。2016年10月，河南省十次党代会亦将"决胜全面小康让中原更加出彩"当作奋斗的目标。2016年12月，国务院正式批复《促进中部地区崛起"十三五"规划》，明确提出支持郑州建设国家中心城市。2017年1月，《国家发展改革委关于支持郑州建设国家中心城市的指导意见》发布，要求郑州增强综合服务功能，引领中原城市群发展和支撑中部地区崛起；加快新旧动能转换，带动中部地区供给侧结构性改革；打造内陆开放高地，积极服务和参与"一带一路"建设。

可以说，近年来中原城市群在国家战略中的地位明显加强，对中原发展的研究更加迫切，更加紧要。关于郑州的研究离不开河南，离不开中原。中原研究对于郑州和河南，对于中部乃至中国都具有特定的意义。

其一，构建中原学是为了破解中原甚至中国发展所面临问题必须寻找的一条路径。中原是中国的缩影，以河南为例，河南经济发展多年来位居经济总量的第五，但人均总量在全国倒数；历史时期河南文化成就卓著，但如何深入挖掘，形成亮点在全国亦具代表性；河南户籍人口数量全国第一，如何提升人口素质，将其转移为城镇人口，亦具示范意义；河南是农业大省，农业现代化是奋斗目标，农业产业拉长链条，亦有示范意义。各个专业的研究者，更好地聚焦中原，聚焦河南，尤以中原学的建构最为重要。

其二，构建中原学，可以在现有学科体系中，利用各自优长，聚焦中原，为探索中原发展的内在规律献计献策。现代学术体系，是以学科梯次形式构成。中原研究，首先是问题研究，最重要的是规律研究，要从更深层次研究从古至今中原发展的内在规律。从地方的角度而言，要以学科建设为抓手，吸引甚或导引研究者切入中原学研究。中原学属于地方学，中原学的构造可以分为条块两个方面。所谓条就是学者各自所从事的专业的中原聚焦，这样既是在成果积累也可以缩短时长。另一方面为中原学的区域学，也包括城市学，如洛阳学、开封学、郑州学等，并形成了首批成果。中原学就是利用学科构建的新平台，团结凝聚更多的学者参与进来，使更多的成果提升上去，从而为中原问题与中国问题的解决寻找良方。

三　中原学的学科特点与学科体系

（一）中原学的学科特点

中原学属于地方学的分支。作为地方学的北京学、长安学与中原学等，它们之间是有共同点的。北京学的重要特性，是区域性、综合性和应用性。即使在以历史文化为主的长安学，也是以"综合学科"而著称，其涉及政治体制、经济政策、军事保障、文化艺术、哲学思想、宗教文化、对外交流等。因此，借鉴其他地方学的研究与归纳，我们认为中原学的主要特点是综合性、应用性、典型性。

其一，综合性。综合性是地方学的重要特征，就区域而言，与之关联的问题是方方面面的。从现实需要出发，中原地区所面临的政治、经济、法律、社会、文化等多个层面，需要这些学科的专家，围绕中原地区相关的问题进行专题研究，从而为中原整体的发展进行研究与探讨，找到破解相关问题的办法。即使从中原历史文化的角度的研究，更多地涉及历史学、考古学、文学、哲学、宗教学等学科，但重点也是对历史时期的政治、经济、社会、文化等问题进行研究，从而形成对中原的从古至今，从政治、经济到社会、文化的全方位和整体的研究，如果没有中原学，没有中原学这一地域框定所形成的特定地域的概念，就无法进行这样的多学科的总体攻关，许多问题有可能被破解在各个学科的具体问题之中了，也就没有对中原这一特定地域的以"中原学"命名的专门学问了。

其二，应用性。每个学科研究的终极目标是解决悬而未决的问题，从这个角度而言，所有学科都具有应用性、功利性的特点。作为地方学的中原学，并不是不需要基础理论，而是非常需要构建属于本学科的理论框架。但当务之急，或者说在中原学构建的过程中，现实关照与当代应用，是这一学科发展中贯穿始终的主线。从国内外地方学应运而生的情况分析，就是因为现实需要，而形成了首尔学、伦敦学、巴黎学，以及北京学、长安学、上海学、广州学等。中原学与这些城市学并不相同，但在以前已形成的三峡学，则属于地域范畴。但是，中原学就地方学中的区域研究而言，与城市学是没有本质区别的，探索区域发展的规律性问题，尤其是区域发展中的现实问题，是中原学活力永恒的关键所在。

其三，典型性。又可称为代表性，这是由中原特殊的地位所决定的。中原在农耕时代始终是中国的政治与文化中心，相当一段时间也是中国的经济中心。自夏代开始至宋金时期，河南一直是中国的政治中心，长达 3100 余年，可以说中国腹心地带文化资源的挖掘、中华文化的复兴，对于国家而言都是一个非常重要的问题。以河南为核心的中原地区，所面临着由农耕文明向工业文明的转型中，要保持农业的优势；由传统向现代的转型中，要保持传承发展优秀文化更具有活力；由中部发展地区向东部发达地区迈进中，让环境社会同步协调发展；尤其是在 1 亿人的公民素质的提升中，责任重大。而这些问题，不仅在中国具有典型意义，在世界其他国家发展过程中，也具有借鉴意义。因此，中原这块特殊的地域，在发展过程中面临的问题、接受的挑战、积累的经验、取得的成绩，无疑最有代表性。

(二) 中原学的学科体系建设

其一，中原学的基础理论研究。包括中原学的概念、中原学的特点、中原学的主要研究对象、中原学的研究方法、中原学设立的必要性、中原学与中原文化的关系、中原学的理论架构等。

其二，中原学的基本问题研究。中原地区自然、环境、生态研究，中原地区人类兴起的原因，人类文明的演进，聚落发展的规律，人地关系与可持续发展等，都属于中原学的基本问题。

其三，中原学的历史问题研究。历史上中原地区农耕的发展与传统科技水平的提升，文明兴衰的规律探索，王朝的地位与评价，政治中心的转移及其规律，人才的兴起与原因，战争及其规律，行政区划的演变，移民的流变及其作用，民族融合与特点，文化传统与特点等具有规律性的研究，以及人物、事件等个案研究。

其四，中原学的文化精神研究。中原地区的元典文化及其贡献，中原地区的精神气质，中原地区的精神内涵及其传承方式，中原精神的传承发展，中原精神与当代精神文明的构建等问题。

其五，中原学的现实问题研究。基于中原地区传统与发展的总体定位及其发展思路，基于中原优势的产生发展新格局，中原城市化的路径与特色小镇建设、美丽乡村建设与中原人风貌协调发展的路径，"一带一路"倡议与河南经济发展，国家战略叠加与河南开放型经济的发展思路，构筑全球华人根亲文化圣地的布局、龙头及方法路径探索，打造中华文化圣地与文化产业发展的构想，建设先进制造业强省、建设现代农业强省、建设现代服务业强省、建设网络经济强省以及建设文化强省的基础、思路与路径，特别是以郑州为核心引领中原城市群发展等，都需要从历史规律与全球经济上去认真思考与研究。

总之，中原学对郑州和河南研究而言，是一个全新的命题。中原学的构建，更便于从宏观战略的高度认识郑州和河南，更便于聚合河南省内外、郑州市内外相关学科的专家进行集约式的研究，更便于从古今中外的角度统筹认识郑州和河南的价值以及问题研究的典型意义。希望中原学的研究得到理论界与学术界更多的关注，真正成为河南发展的重要学术品牌与平台，并将中原问题、河南问题、郑州问题的研究提升到一个新的层次和水平。

第八章

新时代郑州和中原文化的再出发

纵观郑州建城以来走过的数千年发展历程，不难得出这样一个结论：在中国古代多个历史时期，地处"天地之中"的郑州都在很大程度上扮演着区域"中心城市"的角色；在近代以来特别是新中国成立以来若干重要历史阶段，位居中华腹地的郑州也实际上在发挥着区域"中心城市"的作用。郑州扮演这样一个角色、发挥这样一种作用，当然有较强的经济实力、优越的地理位置、便捷的交通设施、繁荣的商业贸易等"中心城市"应当具备的各个要素，但其中最突出、最具个性色彩的，则是郑州绵长而厚重的历史文化。也就是说，历史文化始终是郑州在历史上扮演"中心城市"角色、发挥"中心城市"作用的重要支撑，始终是郑州自立于中国城市之林的根本所在。无论从"文化郑州"还是"郑州文化"的视角来概括，郑州都堪称古今中外的"文化之都"。

支持郑州建设国家中心城市，是党和国家做出的一项重大战略决策，对于郑州的建设和发展具有里程碑意义。由此，郑州站在一个新的历史起点上，开启了向全国乃至全球城市体系中更高层级城市迈进的新历程。所谓国家中心城市，按照当下普遍性的解读，是指全国城镇体系规划的核心城市，是具备较强引领辐射功能的城市，是承担一定国家功能、跻身国际竞争、展示国家形象的大都市。郑州结合自身现实基础、比较优势和发展潜力，明确了建设国家中心城市的六个定位，即国际综合枢纽、国际物流中心、国家重要的经济增长中心、国家极具活力的创新创业中心、国家内陆地区对外开放门户、华夏历史文明传承创新中心。在文化建设方面，以国家中心城市为建设目标的郑州承担着一份特殊的责任和使命，必须认真总结自身和他人改革开放以来在文化建设方面的经验教训，以新时代为坐标，牢固树立大文化理念，坚守社会主义文化发展方向，制定和落实促进郑州及中原地区文化繁荣发展的政策措施，进一步提升郑州及中原文化软实力，为郑州经济社会可持续健康发展和中原城市群崛起提供有效支撑，为中国特色社会主义文化繁荣发展贡献郑州智慧和郑州方案。

一 始终坚持大文化发展理念

文化是一个国家、一个民族的血脉和灵魂，滋养着一个国家或民族的世界观、人生观、价值观，影响着一个国家或民族的思维方式、行为方式、交往方式。古往今来，任何国家和民族的发展与振兴，总是以文化的昌盛和繁荣为支撑的。当今时代，文化越来越成为民族凝聚力和创造力的重要源泉，越来越成为综合国力竞争的重要因素，越来越成为经济社会发展的重要动力。目前，文化问题已成为世界范围内普遍关注的热点、焦点问题，引起世界几乎所有国家特别是经济发达国家的高度重视。从当前国际学术界的论争看，从文化在各国政治、经济、社会及周边和国际战略中所处的位置看，文化问题已远远超出了狭义的文化本身，远远超出了学术研究的范围，成为摆在世界各国面前涉及世界格局和未来趋势、关系民族国家前途命运和综合国力竞争成败的全局性课题。

作为国家中心城市的郑州，在文化建设上，首先必须有好的理念。有了好的文化理念，才会有好的文化思路；有了好的文化思路，才会有好的文化政策，取得好的文化成果，真正发挥好文化对郑州国家中心城市建设应有的支撑作用。

（一）从更宽广的视角全面把握文化的内涵

文化可以从狭义和广义来理解。狭义地讲，文化是指一个国家或民族的历史地理、风土人情、传统习俗、语言文字、宗教信仰、价值观念、道德规范、审美情趣、文学艺术、行为方式、思维方式、交往方式、社会心理等。广义地讲，文化除包含上述内容外，还应涵盖科学技术、生产方式、经济结构、社会组织、社会制度等社会生活的各个部分，就是说，它涉及社会的物质生活、精神生活和制度体系等各个层面、各个领域。作为国家中心城市的郑州的文化建设,应当更多地从广义上理解和把握文化的内涵,而不能仅仅局限在文学、历史、哲学、宗教、伦理、道德这样狭小的范围,更不能把文化看作宣传部、文化局或文物局等党政部门日常布置和推动的那些工作。

(二) 从更宽广的视角全面认识文化的影响

文化不是游离于经济、政治、社会、生态范畴之外的东西。文化的作用并不仅仅局限于我们通常所说的精神文明范畴,而且浸润和渗透到物质文明和制度文明各个领域,以及经济社会发展各个方面。应当说,政治、经济、社会、生态等几乎所有领域发生的问题,都可以在文化中找到根源或因子。对于一个国家和民族来说是这样,对于一个城市而言也是如此。郑州建设国家中心城市,不能仅仅把注意力放在文化对塑造和引导人们的精神世界所发挥的作用上,而且要把关注点同样放在文化对郑州政治建设、经济发展、社会治理和生态保护所产生的深刻影响上。要深刻认识到,没有一个好的文化生态,就不会有一个好的政治生态、经济生态、社会生态和自然生态。

(三) 准确把握软实力与硬实力的辩证关系

正确认识文化事业和文化产业与郑州提升综合实力特别是增强经济实力之间的辩证关系,准确把握郑州经济社会发展的文化密码。文化在多数情况下表现为软实力,发挥着"无形""无声"的作用,但更重要的是,它同样会转化为经济领域实实在在的硬实力。必须充分认识到,软实力虽然表面上"软",却是可以感知的潜在的"隐形"力量,具有超强的扩张性和传导性,可以超越时空产生巨大的影响力。从人类历史发展趋势看,软实力将成为一种终极竞争力和核心竞争力。与所谓硬实力不同,软实力不可复制、模仿、交易和转让,只能依靠一个国家或民族自己去建构和掌握。与硬实力建设相比,软实力建设更缓慢,更具长期性。提高硬实力要相对容易些,而提升软实力则要困难和复杂得多。软实力与硬实力相互依赖、相互支撑,软实力的建设和形成必须以一定的硬实力为基础,而硬实力的维持和实现必须有软实力作保障。

二 科学定位当代郑州的文化身份和文化使命

郑州及中原地区是中华文明的重要发祥地之一,有着深厚的历史文化积淀。可以说,在河南乃至整个中原地区,几乎人们脚下踏过的每一寸土地都是文物。

河南省委原书记徐光春曾经从16个方面对中原文化的内涵做出详细阐述。

——史前文化。河南史前文化的特点,一是时间久远,二是内容丰富,三是领域广泛。裴李岗文化、仰韶文化、龙山文化,以及二里头文化、二里岗文化,成为河南史前文明的主要代表,充分说明中原大地是中华民族文明最早起步的地方。

图 8-1 郑州商代遗址

资料来源:郑州市人民政府网站。

——政治文化。黄帝创立了治国理政的雏形。随着氏族部落的发展演变，中原地域出现一批大大小小的国家。进入文明社会以后，从夏朝到元代3400多年间，河南一直是中国政治、经济和文化的中心，先后有200多位帝王建都或迁都于此，中国有八大古都，河南就有开封、洛阳、安阳、郑州四个。历史上诸多的重大政治事件都发生在这里，演绎了丰富多彩的政治文化。

——圣贤文化。河南作为中原文化主要发祥地，涌现出了很多的圣贤。在世界四大文明古国中，中国人非常崇尚圣贤。历史上河南的圣贤很多，而且涉及很多领域。如谋圣姜太公、道圣老子、墨圣墨子、商圣范蠡、医圣张仲景、科圣张衡、字圣许慎、诗圣杜甫、画圣吴道子、律圣朱载堉等。这些圣贤不但以他们高洁的人格赢得了人们的敬仰，而且以深邃的思想，为我们留下了大批宝贵的精神财富，影响了一代又一代人。

——思想文化。这些圣贤创造的杰出的思想成果，构成了中华文明的基本思想形态。百家集中原，其中儒、道、法、佛是思想文化的四大支柱，都与河南有深厚的渊源。儒学的元圣是周公，孔子是儒家学说的创立者，他的祖籍在河南，他周游列国游说讲学，主要是在中原地区；道家的创立者老子是河南鹿邑人，《道德经》是他在河南灵宝函谷关所作；法家的创始者韩非子是河南人；把佛教引入中国的唐玄奘也是河南人。

——名流文化。能称得上圣人的是极少数的，对社会、文化产生影响的很多属于名人。中原历史上名人辈出，二十四史上立传的名人有5700多人，其中河南籍的有912人，占总数的15.8%。唐代留名的2000多位名人中，20%是河南人。

——英雄文化。中国人崇拜英雄，中原大地也造就了许许多多的英雄人物，这是一种很不寻常的文化现象。中原文化中既有女娲造人、后羿射日、夸父追日、大禹治水等神话传说英雄，也有史册记载的英雄，如历史上第一次农民起义的首领陈胜，替父从军的花木兰，爱国将领岳飞等。

——农耕文化。农耕文化最早的起源是在中原地区，裴李岗文化中就有很多新石器时代的农业生产工具；三皇五帝中，伏羲氏教人们结网捕鱼，神农氏教人们播种，大禹治水推动了农田水利事业发展。农耕文化是随着农业生产在中原地区兴起并不断发展的。

——商业文化。河南是中国的商人、商业、商文化的发源地，中国最早出现的职业商人和最早的税收制度都诞生于河南。王亥是商业鼻祖，子贡是最早的儒商，此外还有第一个爱国商人玄高等。中国最早的大规模的商业城市开封，1500年前人口有150多万人，是国际性大都市。张择端的《清明上河图》描绘了当时市场繁荣的真实场景，而当时的伦敦只有5万人。商业文化在中原文化中占有十分重要的地位。

——科技文化。在商代，河南的青铜冶炼技术就十分发达，司母戊大方鼎是迄今为止出土的最大青铜器。此外，河南也是冶铁技术最早产生的地方，三门峡出土的"华夏第一剑"是铁、铜混合冶炼，说明中原地区很早就掌握了这项技术。此外，河南的瓷器、陶器制作也非常有名。在7000多年前的仰韶文化出土文物中，就有大量的陶器。中国的四大名瓷河南占其二，钧瓷、汝瓷历来十分名贵，有"家有财产万千，不如钧瓷一片"的说法。科圣张衡创立了"浑天说"，僧一行发明的自动报时器，四大发明中的火药、造纸也出自河南，可以说，河南是名副其实的科技之乡。

——医药文化。中医、中药以独特的疗效著称于世，被誉为国粹。河南的中医药文化源远流长，《黄帝内经》、张仲景的《伤寒杂病论》等，是中国医方之祖；龙门石窟"药方洞"里保存了118个药方，可以治疗38种疾病。由此可以看出，河南的中医药事业自古以来是十分发达的。

——汉字文化。从仓颉造字开始，河南人对中华文字做出了巨大贡献。秦代最早统一了文字的李斯是河南人，第一部字典《说文解字》的作者许慎是河南人，今天报纸上通行的宋体字就源于北宋的开封。

——诗文文化。中国历史上享有盛名的唐诗宋词，其中唐代诗歌流派的代表人物半数以上是河南人，杜甫、白居易、李贺、李商隐、韩愈等著名诗人、文学家的作品脍炙人口，广为流传。宋词的发源始于宋朝的开封，许多著名的词人也是河南人。

——宗教文化。佛教最早由印度传入河南，道家源于河南，宗教文化是中原文化中丰厚的一部分。

——民俗文化。宝丰的说唱艺术，濮阳的杂技艺术，开封的木版年画，淮阳的泥泥狗等，都是独具特色的民间艺术精品。

——武术文化。河南的少林功夫名扬天下。河南还是太极拳的故乡，温县陈家沟陈氏太极拳流传至今。

图 8-2 嵩山少林寺

资料来源：郑州市人民政府网站。

——姓氏文化。百家姓中有78个源自河南，而"李王张刘，陈林郑黄"几个大姓都源自河南。每年都有大批海内外游子到河南寻根谒祖。

历史发展到今天，作为一直接受中原文化浸润和滋养的郑州，其历史文化优势并不亚于同样具有悠久历史文化传统的其他中心城市。甚至可以说，与国内某些城市包括中心城市相比，郑州在文化积累方面具有更为明显的比较优势。

当然，由于诸多客观历史原因，包括经济和科教发展水平的制约，郑州在文化建设方面，包括对历史文化的传承、创新和有效利用及文化软实力的提升等方面，落后于某些中心城市，甚至落后于一些非中心城市。但是，如果换个角度以逆向思维看问题，我们是否可以说，回望改革开放40年郑州的发展历程，或许正是因为郑州在文化建设方面比其他城市起步晚一些，或者说走得慢一些，才为郑州留下了重新进行顶层设计和制订发展规划的空间，提供了总结他人经验教训、避免他人走过弯路、调整自己发展思路、展现后发优势、实现跨越发展的机会。

在郑州为自己确立的建设国家中心城市的六个定位中，"华夏历史文明传承创新中心"是一个非常重要的定位。这一定位，是基于郑州和中原地区深厚的历史文化积淀而明确的定位，也是基于郑州和中原地区在社会主义文化建设中应当发挥的重要作用而明确的定位。应当强调的是，这一定位并非仅仅是与其他五个定位并列的定位"之一"，而是对其他五个定位的确立具有支撑作用的定位，是具有基础和根本作用的定位。在某种意义上说，郑州及中原地区历史的辉煌，首先是文化上的辉煌；郑州及中原地区当代的复兴，首先是文化的复兴；郑州及中原地区未来的崛起，首先是文化上的崛起。

人们通常说，品鉴中国古代文化，看夏商到郑州；看殷商到安阳；看周、汉、唐到西安和洛阳；看宋到开封和杭州；看六朝到南京；看元明清到北京。无论这样的说法是否严谨与周全，但总能明晰地看出郑州在文化地理上的优势所在。也许这也正是郑州位居"天地之中"的佐证——并非纯粹自然地理意义上的中心，更重要的是文化地理意义上的中心。从上述点到的城市看，安阳、洛阳、开封皆为河南省内城市，与郑州一样同为中原地区中华文明发祥地的璀璨明珠，占据中国八大古都的半壁江山。即便是西安、杭州、南京、北京，距离郑州也都并不遥远，或者说郑州处在西安、北京、南京/杭州构成的文化大三角的中心位置。我们认为，这是定位当代郑州文化身份和文化使命不可或缺、必须参照的历史坐标。

但是，我们必须承认，仅仅依照或主要依照这一历史坐标，是难以准确定位当代郑州的文化身份和文化使命的。郑州当然要承继好自己的历史文化遗产，但不能搞文化守成主义，自骄自傲于自己的历史文化之中，而是要在实现优秀历史文化的创造性转化和创新性发展基础上，建设新时代的新文化，努力走出一条具有自身特色的繁荣发展文化事业和文化产业的新路。郑州拥有丰厚的历史文化遗产，正确对待和科学运用这些遗产，它们就会成为郑州前进的不竭动力。否则，这些历史文化遗产就会成为包袱，阻碍郑州的发展和进步。在这方面，既有国家和民族层次的典型例子，也有不少城市可为佐证。

作为历史文化名城，郑州文化当然具有自己的"本土"特色。即使经历了百余年现代化的洗礼，经历了新中国成立近70年和改革开放40年的发展与流变，郑州文化依然保留了自己的某些"本土"特色。但是，由于所处承东启西、连接南北的特殊位置，由于其成为河南省会后在发展机遇和各类资源占有上的优先性，使郑州成为一定意义上的"移民"城市。在文化上，它融汇和吸纳了河南其他地区、整个中原地区乃至中国其他省市区文化的内容。换句话说，郑州的文化土壤不断被注入来自"异域"的文化种子、文化元素。随着经济全球化的不断深入，特别是互联网等信息技术的飞速发展，就像国内外许多城市一样，郑州文化的"本土"特色似乎在渐渐褪去。本土文化的"褪色"，既有城市自身不够重视的原因，也是经济全球化和科技飞速发展的必然。

在这样一种环境条件之下，当然要努力保持郑州文化的个性与特色——这同时也是郑州作为国家中心城市的个性和特色所在——不能让当代郑州文化类似于甚至几乎雷同于其他城市包括国家中心城市的文化。也就是说，要让居住在郑州的人或访问郑州的人，通过郑州的建筑、郑州的饮食、郑州的语言、郑州的一街一巷、郑州的生活方式和交往方式、郑州人的精神风貌等，能够很容易地识别出郑州是一座与其他国内外城市不同的城市，是一座具有自己个性和灵魂的城市。但是，简单地拒斥和抵制外来文化特别是其他省市区甚至其他国家优秀文化成果，过分追求郑州文化的"本土"特色是不可行也不可取的。因此，在文化建设领域，如何处理好传统与现代、本土与外来、守正与创新的关系，是摆在郑州面前的一项重大课题。应当围绕国家中心城市必须发挥的引领、辐射、带动功能，亦即国家赋予郑州的历史任务，科学定位当代郑州的文化身份和文化使命。

(一) 郑州是河南的郑州

作为河南省省会，郑州文化除了要体现自身的个性和特色外，还应该充分展现整个河南文化的总体面貌，凝结整个河南文化的精华。在这个意义上，郑州文化就是河南文化。换句话说，郑州文化应该成为河南文化的标识性符号，而且对整个河南文化的发展起到引领和示范效应。

(二) 郑州是中原的郑州

自夏朝到宋金时期的 3000 多年间，中原地区一直是中华政治、经济和文化中心。即使从狭义而非广义上界定"中原"——范围相当于今河南省及其毗邻地区，包括山西东南部、河北南部、山东中北部、山东西南部、安徽北部、江苏北部等大片区域——也可以清楚了解郑州与该区域其他城市之间存在密切的"文化血缘"关系。由国家发改委制定并经国务院批准的《中原城市群发展规划》及其他支持郑州建设国家中心城市的文件，赋予郑州引领中原城市群发展和支撑中部地区崛起的特殊使命。其中《中原城市群发展规划》明确指出：中原城市群以河南省郑州市、开封市、洛阳市、平顶山市、新乡市、焦作市、许昌市、漯河市、济源市、鹤壁市、商丘市、周口市和山西省晋城市、安徽省亳州市为核心发展区。联动辐射河南省安阳市、濮阳市、三门峡市、南阳市、信阳市、驻马店市，河北省邯郸市、邢台市，山西省长治市、运城市，安徽省宿州市、阜阳市、淮北市、蚌埠市，山东省聊城市、菏泽市等中原经济区其他城市。由此不难看出，郑州作为国家中心城市，在擘画文化发展愿景、制定文化发展战略、出台文化政策时，不能把眼光仅仅局限于上述河南本省的城市，而且还要充分考虑到河南周边的山东、山西、安徽、河北的其他城市，实现与中原地区各城市之间的协作与互动，在文化事业发展、文化产业布局、文化资源共享、公共文化服务提供等方面发挥引领和示范作用。

(三) 郑州是中国的郑州

郑州作为文化古都，见证了中华民族数千年的兴盛与辉煌，拥有十分丰厚的历史文化遗产。在郑州市域内，不仅诞生了商都文化、嵩山文化、黄帝文化、黄河文化，而且滋养出根亲文化、儒释道文化、功夫文化等。如果站在国家中心城市这一视角，郑州拥有的可资利用的文化资源的范围,可以延展至整个河南省乃至整个中原城市群。鉴于河南及中原地区在中华文明发展历程中的特殊地位和作用,鉴于河南及中原地区所拥有的深厚的历史文化积淀,作为国家中心城市的郑州担负着传承和弘扬中华优秀传统文化、推动中华优秀传统文化创造性转化和创新性发展的历史使命。这是国家赋予郑州的使命,也是民族赋予郑州的使命。为此,郑州在确立"华夏历史文明传承创新中心"这一定位时,应把自身置于整个国家文化建设大局之中,服从和服务于国家总体文化发展战略,为社会主义先进文化建设贡献智慧和力量。要重视与其他省市区的交流与合作,在文化建设上实现资源共享和优势互补,形成区域内文化建设的合力。

(四)郑州是世界的郑州

郑州既是建设中的国家中心城市,是"一带一路"的重要节点城市,也是大踏步迈上世界舞台的城市。无论是"国际综合枢纽""国际物流中心",还是"国家内陆地区对外开放门户"的定位,都决定着郑州既要立足河南、立足中原、立足中国、立足亚洲,更要放眼望世界,具有宽阔的全球视野。由此,郑州在文化建设方面,应当坚持社会主义先进文化前进方向,在传承创新中华优秀传统文化、实现中华优秀传统文化现代化、当代化的同时,积极吸收和借鉴世界各国优秀文化成果,推动国外优秀文化成果的中国化、本土化。换句话说,当代郑州的文化应当既是凝结中华优秀传统文化精华的文化,也是在世界上具有吸引力、凝聚力、感召力和影响力的文化,是融汇中西、贯通古今的社会主义现代新文化。"一带一路"不仅是经济、贸易之路,同时也是文化、友谊之路。文化是郑州走向世界的闪亮"名片"。要加强郑州和"一带一路"沿线城市的文化交流与合作,推进沿线国家和地区人民在目标、理念、情感和文明方面的相互沟通、相互理解、相互认同,为郑州与世界其他国家特别是"一带一路"沿线国家城市的经贸合作提供有力的文化支撑。

三 着力提升高等教育和职业教育水平

科技是第一生产力,是综合实力特别是经济实力赖以提升的基础和根本。但是,科技水平的高低和科技实力的强弱,通常是与高等教育的发展水平密切相关的。人才资源是第一资源，是一个国家和城市实现经济社会可持续发展的核心依靠力量。习近平总书记在中国科学院第十九次院士大会、中国工程院第十四次院士大会开幕会上的重要讲话强调，世上一切事物中人是最可宝贵的，一切创新成果都是人做出来的。硬实力、软实力，归根到底要靠人才实力。全部科技史都证明，谁拥有了一流创新人才、拥有了一流科学家，谁就能在科技创新中占据优势。

图8-3 嵩阳书院，始建于北魏太和八年（484年），世界文化遗产，中国北宋四大书院之一，经历代重修，目前书院保持了清代（1644—1911年）建筑布局。司马光、范仲淹、朱熹等在此著书讲学，宋代名儒程颢、程颐在此创立"二程理学"，以理学著称于世

资料来源：郑州登封市人民政府网站。

与已经被确定为国家中心城市的其他城市相比，甚至与尚未列入国家中心城市建设规划的许多城市相比，郑州的科技发展水平和科技实力呈现较为明显的弱势和劣势，是郑州建设国家中心城市最大的"短板"所在。而这个"短板"的存在，是与郑州乃至整个河南数十年来所拥有的高等教育资源在数量和质量上都明显偏低是分不开的。

河南注重教育的历史可以一直追溯到上古时代，有着数千年之久的教育传统，诞生过无数知名的教育家、思想家和享誉中外的专家学者。宋代闻名全国的四大书院，河南就占有两个，即应天书院和嵩阳书院，分别位于今天的商丘和登封（现归郑州市辖属），是当时河南两大最高私立学府。新中国成立初期，河南高等教育的基础还是值得称道的。

图 8-4　郑州大学之"夏日盛景"

资料来源：郑州大学网站。

20 世纪 50 年代，在全国范围大规模的院系调整中，当时河南大学的诸多院系被迁往湖北、广东、江西等地，并入其他高校或独立建校。这是当年行政命令之下不得不为之举，说得好听一些，是河南为上述省市区高等教育发展做出的重要贡献，但是，河南高等教育的元气也正由此受到很大损伤。在随后长达半个多世纪的时间里，河南高等教育的发展始终没有恢复原来的生机与活力。

河南高等教育资源相对匮乏，而河南又是位居全国前列的人口大省，因此，多少年来，无数河南学子对天发问：河南人上大学为什么这样难？

无疑，高等教育资源特别是优质高等教育资源缺乏，上大学难、上好大学难，是河南教育之殇，是河南人民之殇，在一定意义上也是中国教育之殇。高等教育已成为拉动经济的重要增长点，教育资源和一个地区的经济发达程度呈正相关。如果高等教育迟滞落后的状况继续下去，必将阻碍郑州建设国家中心城市各项任务和目标的实现，制约郑州乃至河南和中原地区经济社会可持续健康发展，掣肘中部地区的崛起。

就整个中国而言，人口红利时代即将过去，人才资源成为最重要的资源。随着人口老龄化问题的日趋严峻，从总体上讲，中国正处在劳动力从过剩走向短缺的转折点上。这同样是郑州及整个河南面临的严峻挑战：随着中国经济和世界经济的进一步转型，多年享有的人口红利正逐渐丧失。而且，与中国其他城市、省市区相比，郑州和河南遇到的问题要更为凸显。

从高等教育资源拥有的数量来说，郑州不一定是省会一级城市中最少的；就优质高等教育资源拥有的数量而言，郑州却一定是全国省会城市中非常靠后的。我们暂且不说对中国高校做出"等级"划分是否科学合理，但现实生活中毕竟有这样或那样的分级标准存在。在"双一流"建设工程出台前，中国先后实施了"985"和"211"工程。在郑州市乃至整个河南省的高校中，只有郑州大学一所大学入选211院校。实施"双一流"建设工程后，也只有郑州大学一所大学进入世界一流大学建设行列，而河南大学则是世界一流学科建设高校。而且值得注意的是，在"双一流"建设学科名单中，郑州大学只有临床医学、材料科学与工程、化学三个学科，河南大学只有生物学一个学科，皆无人文社会科学学科入选。无疑，这是郑州规划建设世界一流综合性大学的愿景和目标所面临的不利条件。

此次郑州大学和河南大学入围"双一流"进入"国家队"确实不易，而且对提升郑州和河南高等教育水平意义重大。但是，河南有1亿多人口，与每年接近百万的高考大军相比，与郑州国家中心城市建设和河南经济社会发展的需求相比，河南所拥有国内外知名高等院校的数量是远远不够的。因此，如何改变目前高等教育的落后局面，进一步提升郑州乃至整个河南高等教育的质量，有效增加人均占有高等教育资源的比例，同时加大高端人才引进力度和高等职业教育投入，使人口红利逐步转变为人才红利，更多集聚和释放人才红利，为郑州国家中心城市建设及河南和中原地区的崛起提供强有力的人才支撑，是摆在郑州面前的一项紧迫任务。

在提升高等教育水平，扩大高等教育规模，进一步缩小与其他省市区和中心城市的差距方面，河南不能再等待下去，郑州也不能再等待下去。

（一）要进一步提升现有高等院校的层次和质量

目前，郑州市共有21所本科大学，其中公办本科大学14所，民办本科大学7所。郑州市应该从国家中心城市建设、中原城市群发展和中部地区崛起的需要出发，积极参与郑州高等教育发展规划的制定，积极支持郑州市域内高等教育的发展，进一步提升现有高校（包括公立学校和民办高校）的科研和教学实力，增强它们在国内外高等教育领域的影响力和话语权。

建设一流大学，必须以一流学科和一流学科带头人为支撑。应把发展高等教育纳入郑州国家中心城市建设总体规划，以郑州市委市政府名义，提出郑州建设国家中心城市对发展高等教育的基本诉求，赢得省委省政府和国家教育主管部门的支持。以郑州大学进入世界一流大学建设行列为契机，有效整合郑州现有高等教育资源，着力打造更多无可替代的国内外一流学科，培养国内外一流学科带头人，进一步巩固和提升郑州大学在世界一流大学行列中的地位，使更多高校和学科进入"双一流"行列。根据郑州现有高校学科和专业设置情况，不分公立或民办，为它们牵线搭桥，实现与省外知名研究机构和高等院校的对接，进一步提升科研和教育水平，为郑州高校晋级先进和一流高校行列奠定坚实基础。对郑州市域内高等院校的学科设置进行动态调整，有针对性地培养郑州建设国家中心城市及河南经济社会发展所需要的高端人才和实用人才。

必须充分认识到，人文社会科学与自然技术科学是科学的两翼，两者互为支撑，缺一不可。没有发达的人文社会科学，自然技术科学是难以在思维方式和研究方法上实现突破的。没有人文社会科学领域的一流学科，一所大学也是难以成为世界一流综合性研究型大学的。应遵循科学发展规律,坚持人文社会科学与自然技术科学并重原则,从河南作为文化大省和郑州作为文化古都所拥有的丰厚历史文化资源出发,着力培育和扶持一批人文社会科学优势学科,逐步把郑州大学建设成为世界一流综合性大学。

(二) 要重视引进国内外优质高等教育资源

要吸收借鉴优质高等教育资源相对不足的城市的先进经验,从郑州建设国家中心城市和河南经济社会发展的需要出发,制定引进国内外优质高等教育资源规划,进一步提升郑州高等教育水平。加强与国内外知名研究机构和高等院校的合作,争取它们在郑州设立研究院、研究所、研究基地、调研基地,设立分校、分院、学院,选派优秀专家学者到郑州高校任教,吸收郑州高校专家学者参与重大项目、重大课题研究,联合培养学士、硕士、博士,互派专家学者进修,互派在校学生访学。

以郑州市委市政府或河南省委省政府名义,先行国内引进优质高等教育资源试点,加强与中国科学院、中国社会科学院、中国工程院、中国农业科学院、中国医学科学院、中国中医科学院、中国科学院大学、中国社会科学院大学、北京大学、清华大学、中国人民大学、复旦大学等知名研究机构和高等院校的沟通与协作,签订战略合作协议,在合作办研究机构、合作办高校、合作培养人才等方面扎扎实实地开展工作,带动郑州自然科学、技术科学和人文社会科学各学科的发展和跃升,为郑州建设国家中心城市和河南省经济社会发展提供有价值的决策咨询建议。

新中国成立以来特别是改革开放 40 年来,在人文社会科学和自然技术科学领域涌现出一大批国内一流甚至享誉世界的河南籍的知名专家学者。让他们为河南和郑州的高等教育事业和科学研究事业贡献力量,既是他们的义务,也是他们的荣誉。郑州应组织力量,认真梳理分别供职于国内外知名研究机构、知名高等院校、知名企业、知名医院等的河南籍专家学者,与他们建立经常性的密切联系,聘请他们担任郑州和河南高校的特聘教授或兼职教授,合作培养高端人才,充当郑州和河南研究机构和高校与国内外知名研究机构和高校之间学术交流的中介和桥梁。

当今时代,国内甚至世界范围内的人才流动是必需的,也是必然的。

但是，郑州高校要尽可能避免与某些国内高校之间进行恶性人才竞争，郑州和河南高校之间也要避免"挖墙脚"。引进的人才是人才，本土和已有的人才同样也是人才，而且是本地高等教育事业发展的基础性力量。为此，郑州在为吸引省外和国外高端人才提供政策支持的同时，要尤其重视发挥现有本土人才的作用，避免人为造成外来人才和本土人才在工作条件和生活待遇上的过大差距，挫伤本土人才的积极性和创造性。其实，充分尊重本土人才，增强他们的自信心和荣誉感，为他们的成长和发展积极创造条件，使他们能够尽快脱颖而出，要比高薪引进外来人才的成本要低得多。近年来一些高校在引进外来人才方面的经验教训表明，不是所有外来和尚都会念经或把经念得更好。如果片面以为外来和尚会念经，忽视本土或已有人才的培养，高等教育事业的发展是不可持续的。

在"请进来"的同时，也要重视"走出去"，不仅要鼓励郑州的专家学者要"走出去"，到国家级研究机构和知名高校进修，参与那里的研究项目；而且可以考虑选择一批知名高校，在那里开设"郑州班"，以全日制形式为郑州国家中心城市建设培养人才，或以短期、中期培训形式，提升郑州市在职干部的理论、决策和专业知识水平。

（三）进一步扩大郑州高等教育的规模

发达的高等教育是郑州成为国家中心城市的重要指标，也是河南及中原、中部地区崛起的前提条件。半个多世纪以来，作为具有悠久教育历史的河南在高等教育资源的分配方面，一直受到并不十分公平的待遇。20世纪50年代院系大调整时，河南有诸多高等教育资源被强制迁移到中南地区其他省市。改革开放40年来，河南高等教育有了较大发展，但优质高等教育资源匮乏的问题一直没有得到有效解决。应当说，这与数千年来河南对中华文明传承和发展做出的贡献、新中国成立以来河南对国家经济社会发展做出的贡献是很不相称的。造成这一状况，当然有河南主观上的原因，但实事求是地讲，主要是国家对河南历史欠账较多。从现在河南和郑州的经济实力看，完全有条件进一步扩大高等教育的规模，在整合、优化现有高等教育资源基础上，兴办新的专科大学或综合性大学。当然，兴办新的大学应重视吸收借鉴数十年来国内外在高等教育方面的经验教训，注重体制机制创新，注重教学模式和管理方式创新，鼓励更多社会资本投入郑州和河南高等教育事业中来。

（四）把大力发展职业教育放在极为重要的位置

职业教育是提升一个国家、一个城市人口整体素质的重要手段，也是人口较多国家和城市实现人口红利向人才红利转变的重要途径。职业教育的发达程度与一个国家和城市经济社会的可持续发展呈正相应关系。从西方发达资本主义国家的发展历程看，正是对职业教育始终如一地高度重视，使一些国家的整体知识和技能水平持续提高，为一些国家的经济发展特别是制造业和社会服务业的蓬勃发展蓄积了充足的人力资源。

例如，在以精密严谨精神而享誉全球的德国，职业教育被视为关系民族生存、经济发展、国家振兴的根本大计，是保持经济稳健增长和年轻人高就业率的有效手段。政府不仅确立了完备的职业教育管理和运行的法律体系，而且创设了弘扬工匠精神的"匠人体制"。让不少国人惊讶和难以置信的是，德国每年大约 2/3 的年轻人主动选择接受职业教育而不是读大学，经过严格学习与培训后就业。这与中国年轻人的选择是截然不同的。其实，德国许多著名企业，如西门子、奔驰、欧宝等，其高层管理人员均为职业学校毕业，而且他们发自内心地以当过学徒为荣。

要重视高等教育，但是绝不能轻视职业教育，绝不能忽视工匠精神和工匠文化的培育和弘扬。数十年来，无论从国家层面还是某个省市区层面讲，我们在职业教育问题上有诸多值得总结的深刻经验教训。甚至可以说，热衷于把专科升级为本科，热衷于把职业学院升级为综合大学，严重损害了本处于发展初级阶段的职业教育事业，使职业教育在推动国家经济社会发展、提升人口整体素质乃至增强国家软实力方面的贡献大打折扣。

郑州要把自身建设成为名副其实的国家中心城市，带动中原城市群的崛起，在区域乃至全国发挥引领和示范作用，必须切实纠正政府部门和社会大众在职业教育问题上的诸多错误认识，把职业教育放在与高等教育同样重要甚至更为重要的位置。对于河南这样一个人口大省来说，相比其他人口较少省市区，发展职业教育的意义尤其重大。我们甚至可以说，职业教育是郑州、河南和中原地区赢得未来竞争的核心和关键所在。我们有理由断定，千百万具有一技之长的高素质的劳动力人口，正是郑州、河南和中原地区未来最大的软实力和竞争力。高度重视和大力发展职业教育，不断提升职业教育的质量和水平，不仅可以为郑州、河南和中原地区经济社会发展提供优质人力资源，而且可以向周边省市乃至其他国家和地区输出更多高素质的剩余劳动力。

当前，中国正处在从工业大国向工业强国、从中国制造向中国创造迈进的关键时期，培育和弘扬严谨认真、精益求精、追求完美的工匠精神，对于建设制造强国具有重要意义。实践证明，只有培养大批高端技能人才，才能有力支撑制造强国建设。习近平总书记强调，要大力弘扬"工匠精神"，精心打磨每一个零部件，生产优质的产品。只有打造更多的精品、优质产品，塑造更多的"中国品牌"，中国经济发展才能进入质量效益时代，中国制造业才能在做大做强中跻身世界前列。

我们当然需要高水平的博士、硕士、学士，但我们更需要熟练掌握专业技能、能够直接投入生产一线的高级技工。在现实生活中，我们经常会发现，一个高级电焊工可能比一个名牌大学的博士更稀缺，前者创造的价值和财富并不亚于后者甚至远远高于后者。这或许从一个侧面折射出我们在对职业教育的认识上、在对人才的认识上存在的问题和误区。

要认真吸收借鉴德国等发达国家职业教育先进经验及中国浙江、广东等省市的有益做法，研究制定郑州职业教育发展规划，根据郑州、河南及周边省市经济和社会发展需求，提出近期、中期、长期职业教育发展目标。率先制定地方性法律法规，明确职业教育在基本教育体系中的重要地位，对职业教育院校的培养目标、专业设置、学制长短、办学条件、经费来源、教师资格、教师进修、考试办法以及教师和毕业学生的职称待遇、薪金待遇等做出具体规定。要以实实在在的具体举措，在全社会树立对职业教育的正确认识，切实提高职业教育文凭的含金量，增强职业教育从业者和职业教育院校毕业生的自豪感、荣誉感。

要积极探索政府和企业共办职业教育院校的新路，鼓励和引导本地及周边企业积极投身到职业教育中来。可考虑设立职业教育院校董事会制度，让知名企业参与职业教育院校的管理和运营，在职业教育院校设立挂名院系或专业，根据企业发展需要有针对性地培养人才，并对企业投资职业教育实行减免税及优惠贷款政策。

要着力提升职业教育层次，稳步推动郑州初中级职业教育向高等职业教育迈进。加强与德国等发达国家职业教育院校的合作和交流，争取国外知名职业教育院校在郑州设立分校、分院，或与郑州相关职业院校合作办学，使郑州职业教育成为中国知名品牌，努力走在国际职业教育的最前沿。

要切实转变人才观念，充分认识到博士和硕士、教授和副教授是人才，园艺师、电焊工、家政师、面点师、理发师等也是人才。做到使用人才不问地域身份，引进人才不唯文凭职称，留住人才不靠短期刺激，汇聚更多郑州经济社会发展需要的各类优秀技术人才在郑州落户创业。

四 探索具有郑州特色的文化事业和文化产业发展之路

图8-5 阅开心是郑州目前开分店最多的书店，每家店都有自己的风格
资料来源：搜狐网。

为充分发挥文化在郑州国家中心城市建设中的引领和支撑作用，提升郑州的文化软实力，郑州市依据党和国家及河南省委省政府有关文件，

先后制定了《郑州市"十三五"文化事业产业发展规划》等文件。这些文件在深入调查研究基础上，对郑州文化事业和文化产业发展的现状及面临的形势，指导思想、基本原则、发展目标、重点任务及保障措施等，均做出明晰的筹谋与擘画，它们对郑州作为国家中心城市的文化事业和文化产业的繁荣发展具有重要的指导意义。要充分认识到，无论是文化事业还是文化产业，都有一个主旋律的问题。不能简单地认为文化事业是党政部门的事，文化产业则是市场的事。要坚持文化事业与文化产业的有机结合，充分发挥政府在郑州文化事业发展中的主导作用，同时充分调动企业和社会力量投身郑州文化事业发展的积极性；充分发挥市场在文化产业发展中的决定性作用，同时政府要积极作为，正确引领文化产业发展的方向，引导文化企业注重价值原则和社会效益。

（一）进一步开阔文化建设的视野

基于国家中心城市建设的六个定位——国际综合枢纽、国际物流中心、国家重要的经济增长中心、国家极具活力的创新创业中心、国家内陆地区对外开放门户、华夏历史文明传承创新中心，遵循大文化发展理念，修订、充实和提高郑州文化事业和文化产业发展战略，把高等教育、职业教育、品牌建设、文化旅游等纳入郑州文化建设的范围。进一步扩大历史文化遗产的内涵，将近代以来特别是新中国成立后不同历史发展阶段的具有代表性的建筑遗存（如原郑州国营棉纺厂遗址等工业化时代的符号）等纳入文化或文物保护的范围。根据郑州建设国家中心城市需要，对政府现有相关部门的职能做出调整，增强各部门之间的协作能力，避免各自为政和政出多门，共同推进郑州文化事业和文化产业的发展。经过不懈努力，使郑州真正成为河南文化高地、中原文化中心、全国文化强市、世界文化之都。

（二）把文化建设纳入法治轨道

坚持依法治市，依法办文化事业和文化产业。要通过法律法规形式把郑州有关文化事业和文化产业的制度、规划、措施确定下来，保持政策的连续性，广泛动员党政部门和全社会力量，稳步推进实施，取得实实在在的成果。在文化建设乃至整个城市建设上，要避免一任领导一"规划"、一任领导一"创新"而导致的无序发展局面和财力人力的极大浪费。设立由市内外知名专家学者组成的文化委员会，在文化遗产的界定、申报、保护，重要文化政策和文化规划的出台，乃至整个城市发展规划的制定和实施等方面，提出指导性意见和建议，并以法律法规形式明确其权威性，赋予其否决权。

（三）力戒简单重复和照抄照搬

郑州是一个历史文化积淀十分深厚的城市。据统计，郑州市拥有各类文物古迹8000余处，其中世界文化遗产2处，国家重点文物保护单位74项，省级重点文物保护单位95项，市级重点文物保护单位268项。国有博物馆登记在册的藏品量达到118534件。2014年，中国大运河通济渠郑州段成功入选世界文化遗产名录，成为郑州市第二处世界文化遗产。全市拥有国家级非物质文化遗产6项、省级59项、市级149项；国家级非物质文化遗产代表性传承人4人，省级代表性传承人30人。这样丰厚的历史文化遗产，是国内其他城市包括某些国家中心城市不可比的。

新中国成立以来特别是改革开放40年来，郑州一直走着一条与其他城市不同的文化发展道路。历史文化传统不同，经济实力和发展起点相异，决定了郑州无论是在文化事业还是文化产业上，都不可能移植或照搬其他城市的做法，而是要从郑州市和河南省的实际出发，探索具有自己特色的发展道路。其他城市的经验包括成功经验，只有经过郑州的本土化改造才有价值。客观地说，在文化事业和文化产业的发展方面，郑州相对落后于其他国家中心城市或并未进入国家中心城市行列的某些城市。但是，如前所述，如果从逆向思维考虑，这也许为郑州提供了更大的发展空间。其实，郑州完全不必要去跟其他城市作简单的类比。在别人那里成功的，在郑州不一定成功；在别人那里失败的，在郑州不一定失败。如同运动场上竞技，虽然一直有人跑在前面，但我一定不是最后一个到达终点。借鉴他人的有益经验，吸取自己和他人发展过程中的深刻教训，坚持人无我有、人有我强原则，充分彰显后发优势，努力实现弯道超车、强势崛起，或许是郑州应有的道路选择。

五 制定和实施郑州品牌发展战略

从一定意义上说，当代经济就是品牌经济，是文化要素在其中发挥着越来越重要作用的经济。这也正是越来越多的国家重视制定和实施品牌战略的原因所在。

(一) 从战略高度理解品牌问题

从狭义上讲,品牌是指消费者对产品及产品系列的认知程度,是人们对一个企业及其产品、售后服务、文化价值的评价和认知,是一种商品综合品质的体现和代表。从中外知名产品和服务品牌的发展历程看,品牌问题不仅仅是或并非主要是经济或商业领域的问题,从根本上说,它是一个文化问题,是一个软实力范畴的问题。文化或文化个性是品牌的灵魂和内在支撑,品牌则是文化或文化个性的载体和外在表现形式。没有文化,没有文化个性,也就无所谓品牌,或即使在一个时期有影响,也不会持久。

从国际上看,一些具有世界影响的知名品牌,无论是公司、产品还是服务、管理,无一不是凝结着个性文化在其中的。人们从中体验最深刻的是它们所展现出的文化个性,而且有的甚至是无可替代、不可复制的。基于对经济和文化关系的新的深刻认识,近年来,一些国家把品牌发展战略提升为国家战略,把品牌建设作为国家经济建设和文化建设的重要任务,相继设立了协调推进和组织实施品牌发展战略的专门机构,品牌的保护、推广和发展走上法制化、制度化的轨道。可以说,一个国家品牌的多少及国际影响力的大小,既标志着一个国家经济实力的强弱,也显示出一个国家文化影响力的高低。在"品牌"问题上,最集中地体现着硬实力和软实力的汇聚与融合。对于一个国家来说是这样,对于一个城市来说也是如此。

从产品经济向品牌经济转变,是当代世界经济发展的必然趋势。但从国内看,无论是在政府层面还是企业层面,无论是学术界还是社会大众,总体上对品牌的重要性认识不足,对品牌与经济的关系或者文化与经济的关系认识不够。我们拥有的具有国际影响力的品牌还不多,品牌对经济的贡献还不大,关于品牌的制度和法律还不完善,大力发展品牌经济尚未进入各级政府的议事日程。

(二) 制定郑州品牌发展战略

品牌经济是引领中国经济高质量发展的必然途径。品牌就是影响力,品牌就是话语权。无论从经济建设还是文化建设角度考虑,制定和实施品牌战略都是作为国家中心城市的郑州值得推动的事情,都是一项从政府部门到社会各界应积极投身的事业。但是,应当承认,制定和实施这一战略,无论单靠哪个政府决策部门、管理部门都是难以做到的。品牌战略既是一项重要的经济发展战略,也是一项重要的文化发展战略。郑州应从中国社会主要矛盾的变化——已经转化为人民日益增长的美好生活需要和不平衡不充分的发展之间的矛盾——出发,科学把握"美好生活需要"的内涵,把品牌消费和品牌需求纳入"美好生活需要"范畴之中。成立由经济工作相关主管部门、文化宣传部门、企业家和专家学者组成的郑州品牌战略推进委员会,起草推进和保护郑州品牌的法律法规和制度,制定郑州品牌发展战略规划;成立郑州知名品牌企业组成的品牌协会,在品牌战略实施过程中有效发挥沟通、协调和中介作用。加强品牌经济和品牌文化研究,吸收借鉴国外发展品牌经济的先进经验,找出郑州在品牌建设上的短板和不足。举办品牌经济和品牌文化论坛,扩大郑州品牌影响力,提升郑州品牌话语权。

六　积极营造有利于创新创造的文化生态

打造极具活力的创新创业中心,是郑州作为国家中心城市的一个重要定位,也是郑州建设国家中心城市的一个重要目标。但是,历史和实践证明,如果没有一个良好的文化生态,所谓创新创造是难以实现也难以持续的。

(一)历史文化:负担还是动力?

我们有绵延五千多年而从未中断的灿烂文化,而且在 16 世纪之前,我们也曾在经济实力等诸多方面远远领先于包括欧美国家在内的世界其他国家。博大精深的中华传统文化对于民族发展与国家统一始终发挥着强大的凝聚作用。但是,我们似乎也必须承认,中华传统文化缺少鼓励创新创造的元素和机制。有的学者认为,在中国传统文化中,是有一些关于变革或创新的思想,但不足以构成对科技发展的激励和推动作用。有的学者则认为,正是以儒家学说为代表的延续数千年的传统文化,抑制和阻碍了中国历史各个阶段科技的发展,导致中国与几次科技革命失之交臂。

新中国成立以来特别是改革开放 40 年来，我们已经拥有了世界上规模最为庞大的博士、硕士、学士队伍，从事科学研究人员的数量估计也是世界上最多的。但是，为什么没有产生更多的学术大师？为什么没有产生更多的获得诺贝尔奖的科学家？为什么相同教育背景、相当科研水平的学者，在西方国家可以获得诺贝尔奖或其他大奖，在中国却只能默默无闻？为什么中国的教育培养不出杰出的拔尖人才？为什么中国出不了乔布斯和比尔·盖茨这样的人物？我们认为，文化和教育上始终存在短板和不足是主要原因，其中最值得关注的似乎就是没有形成像一些发达国家那样的激励创新的文化氛围。对于中国是这样，对于郑州和河南来说也是如此。

（二）张扬个性是实现创新的前提

作为中华文明重要发祥地的郑州和河南，在去除或减少传统文化消极负面影响问题上，面临着更为繁重、更为艰难的任务。要真正步入质量效益时代，郑州和河南尤其要重视营造切实有利于创新创造的文化生态。拥有数千年之久的历史文化传统和深厚的历史文化遗产当然是好事，但是也应当记住，它们既可以成为一个国家、一个城市前进的动力，也可以成为一个国家、一个城市发展进步的包袱。对于郑州来说，当然要激活厚重的历史文化，使之成为推动事业发展的动力，而不是掣肘事业前进的障碍。

被誉为苹果公司灵魂的乔布斯是一个敢于冒险超越、敢于挑战颠覆、敢于特立独行、敢于标新立异、敢于离经叛道的人物，不崇拜任何人，也不顺从任何人。当然，他也敢于承受失败和嘲笑。他充分张扬自己的个性，发挥自己的天赋，造就了苹果公司在商业上的巨大成功。但是，在我们的文化中，乔布斯很可能是不被容忍和接受的。因为，在我们的古代文化典籍中，在我们的学校和家庭里，被教导的几乎是与乔布斯所作所为完全相反的东西。在我们词典里，"标新立异""离经叛道""特立独行"更多是在贬义上使用的词汇，"枪打出头鸟""出头的椽子先烂"以及"师道尊严""中庸之道"等，是千百年来中国社会广泛流行的"警世恒言"。因此，如上所言，是不是我们至今尚未在全社会形成有利于科技创新的文化氛围,至少是一个需要深入讨论的问题。

(三)鼓励创新,宽容失败

成王败寇的文化不可能造就创新。至少半个世纪以来中外科技发展的历史已经证明了这一点。不仅众多世界知名科学家包括诺贝尔科学奖获得者,是在经历了无数次失败才有了重大科学发现的,而且如乔布斯等人也是在遭遇了无数次挫折和低谷后才取得成功的。虽然"失败是成功之母"是尽人皆知的道理,但我们社会的多数人好像更崇尚成功,而较少关注或不太在意取得成功的途径和手段。成功者往往在群体性狂欢中被捧到天上去,而失败者则很可能在来自各个方面的怀疑和责骂声中销声匿迹,再也没有出人头地的机会。我们应当反省,即使某个个人或团队所进行的探索是失败的,学界和社会也应给予他们基本的理解和宽容,而不是让他们既赢不起也输不起,在群体性的狂欢或贬斥中断送他们曾经追求的事业。

郑州作为历史文化积淀深厚又迈上现代化建设新征程的国家中心城市,无论是在学校或企业还是在街道或家庭,无论是在自然科学和技术科学领域还是在人文社会科学领域,都应该大力倡导尊重科学发展和科学发现的规律,尊重人才成长和发展的规律,鼓励"出头",鼓励"冒尖",注重科学精神、批判精神、创新精神、怀疑精神、民主精神的培养,积极营造激励创新的文化环境和文化生态,推出更多像史蒂夫·乔布斯和比尔·盖茨这样的杰出人才。在自然科学、技术科学、社会科学、文学艺术等各个领域,要倡导敢为人先、锐意创新,创建郑州风格、郑州学派、河南风格、河南学派、中原风格、中原学派,使郑州成为名副其实的中原文化高地,努力攀登中华文化高峰。

七 重视郑州文化和中原文化的对外传播

与其他中心城市相比,甚至与国内不少非中心城市相比,郑州各方面的影响力包括文化上的影响力还不够强或者说仍然偏弱。无论国内国外,人们对郑州的历史沿革和历史文化了解不多,了解不够。郑州在提升自身及河南和中原文化影响力、传播力,在以文化软实力支撑经济社会发展、助推经济转型方面,还有大量的工作要做,还有很长的路要走。

(一) 构建面向全球的文化传播体系

图 8-6　郑州城隍庙

资料来源：郑州市人民政府网站。

无论从国内还是世界范围讲，目前知道华夏始祖轩辕黄帝的人很多，知其故里位于今日郑州辖属的新郑市的很少。知道"楚河汉界"的人很多（因为每一个中国象棋的棋盘上都写有这四个字），知其位于今日郑州辖属的荥阳市的人很少。知道少林寺的人很多，知其位于今日郑州辖属的登封市的人很少。知道唐代伟大现实主义诗人杜甫的人很多，知其故里位于今日郑州辖属巩义市的人很少。

仅就巩义市而言，那里不仅有众多的历史文化遗存，而且还有不少壮美的自然景观，享有"河南省历史文化名城"和"中国优秀旅游城市"的荣誉称号。这里有国家级文物保护单位10处，省级文物保护单位24处，不仅是诗圣杜甫的诞生之所和安息之地，而且是河洛文化和客家文化的重要发源地，是中国历史上第一个朝代——夏朝中晚期的都城遗址所在。距今1500多年的北魏石窟寺内飞天、帝后礼佛图造像，是全国仅

图 8-7　石窟寺（片段）

资料来源：巩义市人民政府网站。

图 8-8　石窟寺（片段）

资料来源：巩义市人民政府网站。

存的国家级艺术珍品；有"七帝八陵"之称的北宋皇陵，是中国现今保存完整的两大帝王陵墓群之一；始建于东汉明帝永平七年的青龙山慈云寺，是华夏作寺之始，是佛教传入中国后兴建的第一座寺庙，被誉为

"少林共祖、白马同乡";康百万庄园是全国三大庄园之一,被誉为"豫商精神家园""中原古建典范"。除此之外,这里还有地下奇观——浮戏山雪花洞,长寿之乡——竹林镇长寿山,豫剧大师常香玉的故居等。悠久的历史传统,众多的文化遗迹和自然景观,特别是独具特色的河洛文化、北宋文化、豫商文化、戏曲文化等非物质文化遗产,让巩义成为名副其实的国家全域旅游示范区。

图 8-9 夜色中的康百万庄园

资料来源:郑州市人民政府网站。

但是,如此丰富的历史文化遗产,在郑州市外或河南省外,除了专门的研究者外，有多少人会了解，又有多少人深入了解？它们的影响力和传播力有多大，又为郑州和河南软实力和硬实力的提升做出了多大贡献？我们不能说这些历史文化遗产没有什么影响，也不能说它们对河南和郑州经济社会发展没有什么作用，但是，至少可以说，过去对它们的文化价值和经济价值的发掘还远远不够，还谈不上有多大的国内影响力和国际影响力。当然，这是与整个河南文化或中原文化传播不够分不开的。曾经有人戏称，有的省市在文化领域是端着金饭碗要饭吃，而我们郑州和河南则是端着文物要饭吃。因此，如何构建面向全球的郑州文化和中原文化传播体系，把真实的郑州、河南和中原告诉中国、告诉世界，进一步扩大郑州、河南和中原地区在文化上的影响力，是郑州建设国家中心城市面临的一项重大课题。

（二）充分运用现代传播手段宣传推介郑州文化和中原文化

时代和历史呼应，使郑州面临前所未有的挑战，也为郑州文化展示魅力提供了难得的机遇。当今时代，互联网已经成为人们生产、传播、获取信息的主渠道，其社会动员能力越来越强，传导和放大各类新闻的功能日益凸显。可以说，谁掌握了互联网，谁就掌握了时代的主动权；谁轻视互联网，谁就会被时代所抛弃。要充分认识到，以信息技术为代表的新一轮科技革命给传统传播格局带来深刻影响和冲击，互联网的快速发展在更广范围内推动着思想、文化、信息的传播和共享。最新数字显示，目前中国网民数达 8.02 亿，普及率为 57.7%，手机网民占比达 98.3%。郑州应高度重视智能互联时代信息传播格局的深刻变革，重塑媒体格局和舆论生态，善于运用互联网等新兴媒体全方位传播郑州和中原文化，扩大和深化郑州和中原文化的国际影响力。要完善郑州现有中文网站，创办英文等外文网站，加强与国内外知名网站的交流与合作，团结郑州市内外、河南省内乃至国内外专家学者，面向世界及时输送各类文化信息，全面介绍郑州和中原历史文化，为国内外受众提供有关郑州、河南、中原文化的第一手权威资料。

在主要依靠新兴媒体的同时，也要发挥好现有传统媒体的作用。在河南电视台广播电台、郑州电视台广播电台开设中外文文化频道，面向国内外受众宣传推介郑州文化、河南文化和中原文化。加强与国内外重要电视台、广播电台的交流与合作，设立专题或专栏，宣传推介郑州文化、河南文化和中原文化。在中央主流媒体、国内外纸质媒体上开设专栏或组织专题讨论，约请国内外知名专家学者撰写通俗文章，宣传介绍郑州、河南和中原历史文化。

（三）大力发展高端文化旅游

实现郑州丰厚历史文化遗产应有的价值，文化旅游特别是高端文化旅游无疑是重要途径和手段。我们认为，文化旅游是传播郑州和中原文化的重要途径，也是郑州和河南旅游最大的亮点。要整合郑州市域乃至整个河南省的旅游文化资源，辐射周边省区的旅游文化资源，研究制定郑州乃至中原地区旅游文化发展战略，使文化旅游成为郑州乃至中原城市群新的经济增长点。要加强与国家文化和旅游部的沟通和协调，加强郑州本地旅行社与国内外知名旅行社之间的交流和合作，引入国内外知名旅游企业在郑州落户或设立办事处。精心设计旅游内容和旅游线路，对国内外游客层级及需求进行细分，重视吸引专家学者、文化界人士等国外高端游客来郑州和中原地区开展文化之旅。客家人大多根在中原，是郑州文化和中原文化最有力的传承者、传播者。要加强与福建、广东及港澳台地区和国外客家人社团的交流与联系，组织客家人特别是年青一代客家人来郑州和中原地区开展寻根之旅或投资创业。

（四）重视通过学术途径提升郑州和中原文化影响力

加强郑州研究机构、高等院校、文化团体与国外研究机构、高等院校、文化团体的交流与合作，以郑州、河南和中原文化为主题，举办学术会议或学术论坛，推动郑州、河南学者与国外学者之间的对话，在学术交流中扩大郑州文化和中原历史文化和当代文化的影响力。加强郑州研究机构、高等院校、文化团体与国内研究机构、高等院校、文化团体及学会、协会的沟通与联系，由郑州主办或承办高端学术会议，让国内外知名学者实地体验和感受郑州及中原文化的魅力。借鉴国内外其他省市先进经验，编辑出版中外文郑州历史文化遗产图册，绘制中外文郑州历史文化地图。例如，已有2500多年建城史、同为国家历史文化名城的浙江绍兴市，高度重视传承和弘扬优秀历史文化，高度重视文化事业和文化产业的发展。绍兴市不仅编制了自己的文化地图，而且该市辖属的越城区也编制了精美的文化地图——据此，人们可以很形象化地了解越城区古城区的基本布局、非物质文化遗产、文物保护单位、文化体育设施、名人故居、旅游景区等。在该图导引下，来自异国他乡的游客可以很便利地听水城故事、享古越韵雅、游越地山水、叙文博古今。其实，越城区编制的文化地图本身，就是一份值得称道的文化产品，散发着一座历史文化古城悠远而浓重的文化气息。我们认为，这是很值得郑州和其他城市学习借鉴的。

（五）让郑州和中原文化走出去

加强与教育部、文化与旅游部、孔子学院总部等国家文化机构的联系与协调，由郑州牵头派出专门人员或团队，积极参与国外设立的孔子学院、孔子课堂、中国文化中心的建设与运营，让郑州文化和中原文化的宣传与介绍成为特色之一。加强郑州文化部门与国内外知名影视制作机构的交流与合作，以"楚河汉界""少林寺""黄河"等郑州和中原地区的标志性文化符号为基础，运用先进技术手段，拍摄数字电影或电视专题片，让国内外观众在娱乐之中了解、认识郑州文化和中原文化。当然，这也是郑州发展文化产业的重要内容和方向之一。重视中华传统文化典籍特别是涉及郑州和中原地区的文化典籍的数字化和编辑出版工作，使郑州成为中国和世界知名的文化出版之都。

八　充分发挥智库在郑州建设国家中心城市过程中的作用

当今时代，无论对于一个国家的发展来说，还是就一个城市甚或一个企业的发展而言，智库都扮演着重要的参谋和助手角色。在一定意义上说，智库是理论与实践之间的中介，是哲学社会科学研究与政府决策之间的桥梁。郑州高度重视智库建设，先后制定了郑州新型智库建设发展规划和智库管理办法等文件，对于郑州建设国家中心城市，赢得城市间竞争优势，是具有重要意义的。建设合格的党委政府信得过、用得上、离不开的新型智库，是郑州大文化建设的一项重要任务。

（一）本地研究机构和高等院校应对自身定位和职能做出清晰界定

郑州乃至河南所属研究机构和高等院校，特别是哲学社会科学研究机构和综合性高等院校，应从郑州建设国家中心城市及河南和中原地区经济社会发展需要出发，对自身定位和职能做出新的界定。关键在于出好两张"牌"：一是"阳春白雪牌"，也可以叫人文研究或基础研究"牌"；二是"对策研究牌"，也可以叫应用研究或决策咨询"牌"。前者确立自身在中国哲学社会科学界乃至国际哲学社会科学领域的学术地位，后者则确立自身在河南和郑州党委政府甚至党和国家心目中的位置。第一张牌出不好，在人文或基础学科研究方面没有亮点，水平不高，成果不多，没有一批国内一流或国际知名的学术大师，就得不到学术界的认可，难以在全国哲学社会科学界立足；第二张牌出不好，服务本地区经济社会发展和党委政府决策的意识不强，反应不快，提不出有价值的具有可操作性的对策建议，或者提出得不及时，那就难以理直气壮地争取各级党委政府的支持，难以得到当地干部群众的认可。

（二）本地研究机构和高等院校应成为党委政府的第一研究室

郑州市域内研究机构和高等院校，特别是由公共财政支持的研究机构和高等院校，要在大力扶持和发展具有明显优势和本地区特点的学科以及哲学社会科学研究必需的重要基础性学科的前提下，坚持以重大理论和现实问题为主攻方向，把服务郑州、河南和中原地区经济社会发展，服务郑州和河南党委政府决策，作为哲学社会科学研究的重要任务。应当努力成为郑州市委市政府、河南省委省政府的第一研究室，当好它们的参谋和助手。所谓第一研究室，就是与党委政府设立的政策研究室相比，要站位更高些，眼光更远些；就是要把郑州、河南和中原地区的建设问题、发展问题置于整个中部地区和全国的大背景之下进行观察和研究，置于"一带一路"和国际大背景之下进行观察和研究，提出的对策建议要更具有战略性、全局性、前瞻性。所谓参谋和助手，不是务虚，不是纸上谈兵，更不是无所作为，而是要在党委政府决策之前能够拿出真正管用、管大用的东西来；在党委政府决策实施过程中，要能够及时发现问题，提出解决问题的合理化建议；决策实施后，还要及时总结经验，找出普遍性和规律性的东西来。

为本地区经济社会发展服务，为本地区党委政府的决策服务，是地方哲学社会科学研究机构的生存和发展之路。哲学社会科学研究是一种创造性的探索，但不能游离于一个国家、一个地区的经济社会发展之外。

必须努力拉近郑州和河南哲学社会科学研究与地方党委政府决策、与地方经济社会发展需要之间的距离，深切把握郑州和河南经济社会发展面临的问题、困难和挑战，真正号准郑州、河南党委政府的决策"脉搏"，清楚知晓党委政府在想什么，要做什么，需要什么智力支持；清楚知晓各级地方党委政府面临哪些问题，有哪些困惑，需要哪些方面的决策咨询。

（三）重视听取民间智库的意见和建议

在重视党委政府主导的特色智库建设的同时，应该遵循智库发展规律，有序推进和积极引导民间智库建设，畅通各类民间智库与党委政府之间的联系，通过发布研究课题、购买研究成果和咨询建议等形式，充分发挥其服务党委政府决策的作用。要切实转变观念，做到一视同仁，把民间智库放在与体制内智库同等重要的位置，把为党委政府决策服务的质量作为衡量智库水平的唯一标准。改变过去由财政"包办"智库的做法，改革体制内智库运营方式，变财政拨款为购买服务，使其逐步向市场化迈进。对在服务党委政府决策过程中做出重要贡献的民间智库，要给予必要的政策和资金扶持。要在体制内智库和民间智库之间形成有效的平等的竞争关系，鼓励两者之间加强交流与合作，使党委政府决策咨询支出的效益最大化。

后　　记

　　经过近一年的努力，总算是"攒"出了这样一个册子。无论郑州的同志满意与否，或者读者怎样评价，总是要写上几句话，以为前一段时间的工作画一个句号。

　　承蒙中国社会科学院副院长蔡昉同志厚爱，把"中原文化传播暨城市软实力提升问题研究"这样重要的课题交给我去组织实施，内心一直惶恐不已。承担该项研究任务的时候，我还是中国社会科学院文化研究中心的执行主任，等到正式启动调研工作，我已经到中国社会科学杂志社工作了。因此，组建课题组时，约请了文化研究中心负责人李河研究员、惠鸣副研究员和杂志社袁华杰研究员作为主要成员。同时，我们还"绑架"了郑州市发展和改革委员会党组书记、主任杨东方同志，中国社会科学院—郑州市人民政府郑州研究院常务副院长郑秉文同志，中国社会科学杂志社常务副总编辑王利民同志担任本课题组顾问。无疑，请这几位领导同志做顾问是为了给课题组"壮胆"。当然，这个册子的所有责任由课题组自己承担。

　　根据统一安排，课题组主要成员于2018年1月19日至22日赴郑州调研。在实地参观郑州市域内的历史文化遗产，特别是召开了两个分别由郑州相关党政部门负责同志和相关研究机构、高等院校专家学者参加的座谈会以后，课题组清醒认识到，仅仅依靠我们这几个"外来的和尚"是难以把郑州的文化"经"念好的。为了弥补课题组同志在知识、视角、体验等方面存在的缺憾和不足，我们除了约请郑州大学副校长韩国河教授、河南省社会科学院副院长袁凯声研究员作为课题组特邀成员外，还邀请郑州大学新闻与传播学院教授、文化产业研究中心主任汪振军先生和河南省社会科学院历史与考古研究所所长、研究员张新斌先生屈尊加入我们的研究团队。我们始终认为，无论是在第一手资料的占有上，还是在研究的广度和深度上，河南和郑州"本土"的同志都是值得依赖和尊重的。

郑州建设国家中心城市是一项国家战略，涉及经济、政治、社会、文化、生态以及党的建设等方方面面。在郑州建设国家中心城市的整个格局中，文化是起支撑作用的。但是，我们认为，所谓文化的支撑作用，不能仅仅从文化事业和文化产业的有限范畴去理解，更不能仅仅从寻找新的经济增长点的狭隘角度去理解。从承担课题一开始，我们就主张从更宽泛的意义上把握文化在郑州国家中心城市建设中的定位、职能和作用。在各章展开论述时，特别是在就郑州文化建设提出有关粗浅的意见和建议时，我们尽可能遵循了"大文化"的理念和原则。

本书第一章和第八章由我撰写，第二章和第三章由李河撰写，第四章由袁华杰撰写，第五章由惠鸣撰写，第六章由汪振军撰写，第七章由张新斌撰写。全书由我和李河同志统稿，由我和郑州发展和改革委员会王春涛同志共同承担主编职责。

在实地调研期间和书稿撰写过程中，郑州市相关党政部门的负责同志，河南省社会科学院、郑州大学、河南大学及中国社会科学院相关单位的专家学者、工作人员，提出了有价值的指导性意见和建议，或在资料查询和工作协调等方面给予鼎力支持，对此，课题组深表感激，谨致谢忱。

在撰写书稿过程中，课题组吸收和借鉴了诸多学者的研究成果，虽然文中尽量作了标注，但未能一一列出，对此，课题组深表歉意。郑州市发展和改革委员会党组副书记严波同志和我共同担任本课题组的组长，但是在研究工作进行过程中，课题组和我本人很少就相关问题向他汇报，确系无组织无纪律的"僭越"之举，在此谨表诚挚的歉意。

本课题研究虽然是命题作文，课题组的同志也做了努力，但难以达到郑州市同志的期望和要求。作为有时间要求的课题研究，总是要画一个句号，诸多缺点和不足，只有留待将来逐步改正和完善。我们认为，关于郑州文化、河南文化、中原文化的研究应当也必须坚持下去。因此，本书正式出版后，课题组还拟采用其他方式，适当延长和深入本课题涉及的相关理论和实践问题的研究，为提升郑州、河南、中原文化影响力和话语权做出我们力所能及的贡献。

赵培杰（肖木）
2018年9月于北京

郑州研究院简介

郑州研究院是中国社会科学院和郑州市人民政府共同建设的研究机构。旨在充分发挥中国社会科学院作为国家级智库和郑州作为国家内陆地区开放创新前沿阵地，建设高水平、国际化的中国特色新型智库。2017年9月15日，中国社会科学院与郑州市人民政府正式签署战略合作框架协议，成立郑州研究院。揭牌仪式暨第一次工作会议当日举行。郑州研究院院长由中国社会科学院副院长、党组成员蔡昉担任。郑州研究院的建设和发展全面依托中国社科院科研局及相关研究所、郑州市人民政府。本着"优势互补、注重实效、合作共赢"的原则，在合作期内，中国社会科学院在社科研究、人才培养、智库建设等方面与郑州市人民政府开展全面、实质性合作。郑州市人民政府为郑州研究院提供双方约定的办公场所、研究经费等资源。郑州研究院丛书的出版是在郑州市人民政府提供优质的政务服务、郑州市发展和改革委员会为郑州研究院的发展保驾护航的大背景下产生的。本丛书中各篇章作者本着文责自负原则，对各自内容负责。由于经验不足，本丛书存在的缺点和瑕疵，欢迎并感谢各位读者和专家予以指导。